私とは何か
分人理論

何为自我

分人理论

[日] 平野启一郎 —— 著

周砚舒 —— 译

浙江文艺出版社

本书中文简体字版版权，浙江文艺出版社独家所有。
版权合同登记号：图字：11-2018-409 号

图书在版编目（CIP）数据

何为自我：分人理论/（日）平野启一郎著；周砚舒译.
—杭州：浙江文艺出版社，2019. 8
ISBN 978-7-5339-5759-9

Ⅰ. ①何… Ⅱ. ①平… ②周… Ⅲ. ①心理交往-
社会心理学 Ⅳ. ①C912.11

中国版本图书馆 CIP 数据核字（2019）第 141192 号

何为自我：分人理论

作　　者：[日] 平野启一郎
译　　者：周砚舒
策　　划：柳明晔
责任编辑：邵　劼
营销编辑：张恩惠
封面设计：棱角视觉

浙江文艺出版社 · 出版发行

地址：杭州市体育场路 347 号
网址：www. zjwycbs. cn
经销：浙江省新华书店集团有限公司
印刷：上海中华商务联合印刷有限公司
开本：787 毫米×1092 毫米　1/32
字数：86 千字
印张：6. 75　　插页：4
版次：2019 年 8 月第 1 版
印次：2019 年 8 月第 1 次印刷
书号：ISBN 978-7-5339-5759-9
定价：39. 00 元（精）
（如有印、装质量问题，请寄承印单位调换）

前　言

本书的目的是重新思考人的基本单位。

从"个人"向"分人"转变。

何谓"分人"呢？仅仅导入这个全新的、比"个人"小一圈的单位，就会彻底改变我们看世界的方法。其实，不如说问题在于"个人"这一单位的粗略性早已无法应对我们的现代生活了。

日语"个人"一词是英语 individual 的对译词，在明治时期开始广泛使用，曾一度被翻译为"一个人"。

individual 一词由 in+dividual 构成，就是在源自 divide（分）这一动词的 dividual 前面加上否定前缀 in。如将 individual 的词源直译，则是"不可分"的意思，也就是"（在此基础上）无法再分"的意思。进入近代以后，这个词才最终演变为

I

"个人"的意思。

虽然这一概念是日本人从西洋引进的，但是从日语"个人"一词却很难了解到"无法再分"这一原意。或许大多数人都不曾这样想过。但是，事实上我们这些"个人"中存在的各种各样的问题恰恰隐藏在这一看不见的词源中。

个人是无法再分的。从人类的身体这一角度来考虑的话，的确如此。一个人的身体只要不是被杀死、四分五裂，就无法分开。独一无二的身体——作为实体存在的个人，被分别赋予了"森林太郎""川端康成"等名字。

那么，我们的人格又如何呢？是和身体一样不可再分的、唯一的东西吗？我们会回答：这不是理所当然的吗？古往今来我们是一直这样认为的。我就是我，你就是你，像我们的身体一样界限分明，仅存在一个感受、思考着各种问题的自己。

但是，果真如此吗？这与我们的真实感觉一

致吗？静下心来仔细观察人与人之间的关系，就会产生这样的怀疑——怎么感觉并不是这样呢？

例如，在公司工作的时候，与家人在一起的时候，我们都是同一个自己吗？或者，与许久未见的高中时期的朋友去喝酒的时候，与恋人独处、谈情说爱的时候，我们的口吻、表情和态度不是截然不同吗？

也许有人会说，就是这样的啊。因为人有多种面孔。

这种想法和人格是唯一的想法难道不矛盾吗？恐怕许多人会回答不矛盾吧。人类的确会迎合所处环境的氛围，在表面上戴上各种各样的"假面"，扮演各种各样的"角色"，区分使用各种"人格"。然而，构成其核心部分的"真正的自己"，即"自我"，却只有一个。因此，就在这个"自我"中，存在着一个人的本质、主体性、价值……

这种对于人的认识是非常僵化的。我们厌恶

表里不一的人，认为心里一套、嘴上一套是日本人的恶习。我们认为八面玲珑是轻浮之人的代表，而把保持"原原本本的自己"视为理想。

无论去哪里，与谁见面，自己就是自己，我就是我。这样才是诚实的为人处世的方式。——但是，请再次和我们的实际感受相对照。这样的事情究竟可能吗？自己如此倒也无妨，但是被这样强行要求的对方又怎能受得了呢？结果就是遭到对方厌烦——你真个是麻烦的家伙。

每个人都有各自的个性。尽管如此，我们能够接受的对方是什么样的人呢？也就是能接受的对方人格，究竟是什么样的呢？是像圣人君子那样的理想人格，还是像适合任何消费者的那种能批量生产的产品那样，没个性、无原则的老好人一样的人格？或是都不属于前两者的"唯我独尊"的人格？若是有这样的人存在，周围的人会不会非常宽容地、极富忍耐力地包容他呢？

我并不是想说，人最终只是看他人的脸色，

区分使用"真正的自己"和"表面的自己"来生存而已。与他人共生，并不是被迫以"虚伪的自己"生存。如果那样认为的话，就令人太遗憾了。

所有错误的源头就在于存在独一无二的"真正的自己"这一神话。

试想一下，根本不存在唯一的"真正的自己"。反过来说就是，在对他关系中呈现的复数的面孔都是"真正的自己"。

前面我已经提到过，"个人（individual）"一词的词源是"不可分"的意思。为了便于思考上述问题，本书将导入"分人（dividual）"这一全新的单位，去掉"个人"一词的否定前缀"in"，视人为"可分"的存在。

所谓"分人"是指每个对他关系中形成的各种各样的自己。与恋人在一起时的分人，与父母在一起时的分人，职场上的分人，与意趣相投的伙伴在一起时的分人……这些分人并不一定相同。

分人通过与对方反复的交往，内化于自身当中，成为人格的模式。不仅直接面对的人，也包括只通过网络进行交流的人，还有小说、音乐等艺术形式，自然风景等等除人类之外的事物或环境都可能成为促成分人化的要素。

一个人是复数的分人编织成的网，其中并不存在"真正的自己"这一中心。

如果把"个人"看成是整数 1，那么"分人"就是分数，请大家先形成这样的印象。

我这个人就是由各个对他关系中产生的多个分人构成的。其人格特性（个性）由复数分人的构成比率来决定。

如果分人的构成比率发生变化，个性自然会发生变化。所谓个性，绝不是一成不变的。而且，没有他人的存在，也不会产生个性。

本书并不是关于抽象的人类问题的理论书。如果定成那样的类型的话，必定以模式为先，这将抹杀我们实际感受中潜藏着的细微差别。我原本也不是学者，只是小说家。因此，我所讲述的内容自始至终都是具体的话题。我极力排除无意义的复杂性，尽可能以率直、朴素、易懂的方式来推进论题。

我们当下在怎样的世界以怎样的方式活着？如何把握现实状况，才能活得更轻松些呢？

分人这一用词仅仅是用来分析这些问题的工具。

为了重新思考不经意间发现的问题，所以无论如何都需要导入新的词汇。无论弗洛伊德之前的人多么深切地体会到了"无意识的存在"，为了提出这一话题，仍然需要赋予它恰当的用语。

从这一意义出发，可以说本书的内容已经广为人知，只不过没有被明确阐述出来而已。为了探讨这一问题，必然需要一个立足点。本书的首要意义就在于创立这样的立足点。

在大众传媒日益发达，人际关系渐趋复杂化

的当下，没有哪个时代像当今这样高呼"交际能力"的重要性。因此，许多人对身份认同感到困惑。我是谁？自己今后该如何生存下去？

用一成不变的观念解决不了问题。因此，此时正是应该重新创造符合现代人实情的思想之时。

目　　录

第 1 章　"真正的自己"在哪里 / 1

第1章 "真正的自己"在哪里

教室中的孤独

初中课间休息时，同学们在教室里围成几个圈儿喧闹着。我也大体会加入其中一个，有时也会以我为中心形成一个圈子。我与朋友们关系很好，在学校也很快乐，然而即便如此，有时也会蓦然发现自己很难对大家感兴趣的话题产生共鸣。与其说是话题无趣，不如说不知道为什么自己总感觉提不起兴趣。

小学时，我还没有意识到这样的鸿沟。但是上了中学后，虽然我也会对周围的人笑脸相迎，但大多数时候都感觉自己跟大家有点不合拍。

一段时间里，我曾认为那可能是自己不适合

这个学校的原因。

　　我就读的中学是一所天主教系统的私立学校，后来虽然我迷上了基督教，还写了以中世纪欧洲异端审判为题材的小说《日蚀》，但在当时我的感觉只有抵触。总之，我对《圣经》上写的每字每句都感到不满意，对修女们说的每一句话都觉得不舒服。我如实说出了这些想法，所以宗教课后，我经常被班主任叫到办公室并接受训教，还曾被修女校长叫去单独谈话。

　　同级的许多同学并不是基督教徒，所以在班级中不舒服的感觉与这件事应该没什么关系，但是不管怎样，从乡村公立小学通过考试进入这所私立中学的我，三年来都没什么舒服的感觉。因此，想着高中一定要去一所校风截然不同的学校，于是就升入了以"文武两道"著称的地方公立高中。

　　然而，我那不舒服的感觉在这里不但没有消除，反倒觉得自己变得更加孤独了。可是，这次我并没有认为是这所学校不适合自己，而是开始思考，这是"个人"与社会的根本矛盾所在，只要这一矛盾存在，无论去哪个学校都一样的。

如今想来，其实无论初中还是高中，都留下了许多美好的回忆，也交了许多朋友，当时难以忍耐的只是教室这一场所而已。

迷上小说

自从我意识到这道鸿沟后，便读起了小说。以前我对读书并不大感兴趣，自从十四岁读三岛由纪夫的《金阁寺》受到震撼以来，我就成了三岛文学的粉丝，阅读其作品的同时，也开始读一些影响三岛的作家的书。这种读书方式到现在都没有改变。我喜欢的作家所喜欢的书，大致也是我所喜欢的书。

我特别喜欢早期的托马斯·曼。我所感受到的与周围人之间的鸿沟，或许放在太宰治身上同样适合。托马斯·曼的独特魅力在于他并不会怀有敌意地、否定地描写自己排斥的世界，而是心怀憧憬地、积极且肯定地描写。

正如前面所写，开始从个人与社会的矛盾出发理解我自身的状况，主要是受了托马斯·曼的影响。

当我读《布登勃洛克一家》《托尼奥·克勒格尔》《小丑》等小说时，不禁为之震撼——小说里居然有我自己的存在！虽然书写的时代、地点截然不同，为何他能如此理解我的心情呢？因为当时还没有网络，所以小说成了让我从自身成长的时代、地域解放出来的最为亲密的存在。

渐渐地我开始觉得在家中读书时的自己才是"真正的自己"，而在教室和朋友谈笑的自己却不是"真正的自己"；喜欢文学、憧憬美的也是真正的自己，在学校时的自己只不过是戴着假面左右逢迎而已。

"真正的自己"究竟什么样

这是十几岁的孩子常有的思虑，因此这个问题对于当时的我来说也非常特别，恐怕还有很多人有过类似的经历吧。不仅过去，即使现在也肯定有人这样认为的吧。

在日常生活的各种场景中，当我们感觉不舒服时，总要通过扮演迎合"气氛"的角色来应付当时的环境，事后却说服自己：那并不是"真正的自己"。

如此一来，"真正的自己／虚伪的自己"便成了简单、易懂的模式。在这一模式中，"真正的自己"与"虚伪的自己"之间存在着明确的序列，有价值的是"真正的自己"。尽管非常厌烦，但还要强颜欢笑应对仅限于那个场合的、表面上的自己。在学校，无论如何都得不到满足、渴求刺激的自己只不过是一时的形象。我们试图通过这样

5

的界定来保护"真正的自己"的价值。

但是，这个模式中有十分棘手的问题。

我现在写下这样的事，初高中时代的朋友如果读到这本书的话会作何感想呢？想到这些，我不免有些心痛。"平野看似开心地跟咱们聊天，可那只不过是适当的迎合，原来一点都不开心呀！"——不对，绝不是这样。要是这样，我和他们的友谊也不会持续到现在。所以，这个"真正的自己/虚伪的自己"的模式的问题就出在这里。

所谓角色，就是被表演的自己，而假面则是用完就扔的一时的面孔。在我自身当中存在着扮演这一角色的"真正的自己"，假面后面存在着"真实的面孔"。——如果真是这样，那对方也是一样的吧。

如果是这样，我们人与人之间的关系究竟是什么呢？刚才还与那么亲密的朋友或恋人的谈话，难道全都是表面文章、故作姿态？自己真的一直以来都把"真正的自己"深藏起来，而以"虚伪的自己"在与初高中同学交往吗？而且对方也是这样吗？

不应该是这样吧。我确实喜欢小说，学校也的确存在让我不满意的地方。但是，因为这样就认为光读小说从而不让"虚伪的自己"成长，这能体验到孤独的幸福感吗？事实并不是这样。事实是我每天都去学校，几乎能得全勤奖。

交流方式以简单为理想。我们以假面相对、表演给对方看，而"真正的自己"却另有他人，如此复杂的关系将会给人带来巨大的压力。这个人的笑脸可信吗？他现在说的话出自真心吗？一旦我们开始怀疑，那么与任何人接触起来都无法解除戒备，还会以不认真的态度对待相互间的关系。

那么，最大的问题就在于"真正的自己"究竟是什么。如果假装、假面是表面上"虚伪的自己"，那么"真正的自己"一定隐身在某个地方。

一定要找到那个不可动摇的、稳定不变的自己。一定要了解尚未随波逐流的自己的本性。一定要确立自我。

　　这些问题令许多人苦恼着、痛苦着。但是，所谓"真正的自己"究竟凭什么说是"真正"的呢？

我们在扮演各种角色吗

　　我们真的能这样有意识地戴着假面扮演各种角色吗？这样一来，内心波动和情感变化又是怎么回事呢？二十世纪发现的无意识究竟是什么呢？冒汗、心跳加速这些自律性神经的表现又是怎么回事呢？

　　以前我曾在巴黎生活过一年。当时多少能进行一些法语的读写，但会话完全不行，因此决定到语言学校学习一段时间。

去报名时，当场参加了分班考试。虽说是考试，但不过是用法语介绍自己，并回答些简单的问题而已。

事实上，我到巴黎后的几天里，因为要与许多人见面谈事情，所以自我介绍倒是做过好几次，因此考试时介绍得非常流畅。当然，自我介绍不过是事先在字典上查出必要的措辞，然后照着说就行。所以我的自我介绍时一气呵成，非常流畅。

结果，不幸的是，我被塞进了高级班。我最了解自己的实力，所以诚惶诚恐地说："我肯定不行。"可面试的女校长根本不理睬我，说："日本人都爱这么说，你肯定没问题。以我二十年的教师经验来看，你就是高级班的！"

教学采取小班授课制，这个高级班只有六个学生，除我之外都是德语圈的瑞士人。因为瑞士的通用语言是法语和德语，所以虽说他们是德语圈，但从小在学校也要像学英语一样学习法语。

当然，用法语对话也相当流利。如我所料，我完全掉队了。

上课时大家围成一圈，我很久都没有像现在这样拼命地提前搜寻轮到自己回答的问题了。可是，中途一旦有人出错，那个问题就转到下一位同学，顺序就乱了，于是又惊慌失措起来。我连怀念这种悲惨的紧迫感的余地都没有。

虽然我想让他们给我换个班，但想着坚持下去或许会进步很快，就决定暂时留在这个班。面试的校长也认为没有换班的必要。

这期间我觉得自己变成了一个非常消沉的人。上课时打不起精神，课间休息时想和其他同学聊天，可他们有他们的圈子，他们用德语轻松地交谈。虽然他们大多是不苟言笑的人，但我连搭个话都不顺畅，连个玩笑都不会开。这让儿时非常健谈的我深切体会到了语言不自由有多么痛苦。

每天心情沉重地离开学校的我经常和在巴黎

生活的日本朋友到歌剧院附近的拉面店吃午饭。一到这时，我就活跃起来，"哎呀，我可惨了！"——绘声绘色、事无巨细地说起在语言学校的情形。

最终我还是要求去了水平低一级的班，可这个班的会话水平比我想象的差很多——无人能与我比肩！——我突然成了优等生。班里还有几个日本人，多亏如此，我在语言学校又露出了愉快的表情。

试想，当时的我在语言学校扮演的是"消沉的角色"，而在日本友人面前扮演的是"开朗的角色"吗？

当然不是。我并没有凭个人喜好决定——在语言学校就假装消沉的样子吧！我尽可能想让自己开朗，可身不由己地消沉起来。那时同班的瑞士人早就把我忘了吧。如果记得，也仅仅是"内向、阴沉"的印象吧！

不用说，我当时自然也没有在日本友人面前

强颜欢笑。在毫无意识的情况下，不由自主地就变成了这样。也就是说，我并没有刻意想要在语言学校表现出厌烦的情绪，也没有故意在拉面店装出开朗的样子。感情并不因我的意识而随意转变。每一种人格也绝不是在有意图的操控下形成的。

新老朋友同席时

我曾多次受到非难——以往的"角色""假面"等词不是足以表示"分人"这个新造词的意思了吗？但是，装模作样、戴着假面这样的表达，总给人一种"真正的自己"的表面上裹着虚假人格的外衣、操控人格的印象。问题正在于其双重性和价值序列。

我还想请大家再听一段我的亲身经历。

在京大①读书时，家乡北九州的朋友曾来找

---

① 京都大学，作者的母校。

我玩儿。他是我高中的同班同学，我就安排他在我的房间里住了几天。我恰好跟大学同学约好去吃烤肉，所以也没考虑那么多，就带他一起去了。

但是，后来我却有点后悔这样做。因为我的大学同学和高中同学是第一次见面，他们共通的话题只有我。受好奇心的驱使，大学同学们问高中同学，高中时代的我是什么样子，在一旁听他们交谈的我则无言以对，感觉非常不爽。

"这家伙从前这样啦，那样啦。"高中同学说了很多关于我的事情。虽然也没说什么不好的事，但每当他说出一点，大学同学就唏嘘不已。"现在是这样，是那样。"津津乐道于我与高中时代的不同之处。而我则苦笑着说："那都是以前的事了。"然后假装翻看着快要烤焦的肉，敷衍着。当时我的感觉非常复杂，如果非要描述出来的话，那应该是"难为情"的感觉。

但是，为什么会"难为情"呢？

当时我跟他们对话的形式也比较复杂。跟高中同学说话时，不知不觉就采用了从前跟他说话时的语气、跟他在一起时的态度。首先就是要用北九州方言。而跟大学同学聊天时则转换成他们所熟悉的我。因为规则不同啊！后来虽然喝了酒，以和谐的气氛收场，但我得出的结论是，跟大学同学见面时仅限于大学同学，跟高中同学见面时仅限于高中同学，这样会比较轻松。

我跟其他人分享了这段经历，没想到引起了许多人的共鸣，都说他们也有类似的经历。

这究竟是出于人的何种心理呢？

其一，可能是我们的成长引起的吧。例如，长大后被要求当着大家的面读小学时的作文，确实会害羞吧。但是，沿着这一思路继续思考下去，就会得出这样的结论：与大学同学在一起的自己并不感到难为情，只有高中时期的自己才会感到难为情。但是，当高中同学问起上了大学后的我的情形，取笑我"你现在真了不起"时，我依然感觉很难为情。

如果跟大学同学在一起的自己是现在的自己，而高中时代的自己已经成为过去，只是过去那个幼稚的自己，那么，就说明我的性格发生了本质上的改变。人们会认为"真正的自己"会随着成长发生改变吧。可是当我跟高中同学单独待在老家的学生公寓时，却觉得自己完全变成了高中时代的自己。也就是说，这两种人格同时存在于我的身体内部。

那么，面对大学同学和高中同学时，我是不是分别装出了不同的样子呢？

或许，"难为情"这一感觉的本质就出于这样的想法。我们经常说"上高中后变了个人""上大学后变了个人"，指的就是这样一种现象。初中、高中前一直老老实实、少言寡语的学生，一上了高中或大学，就趁身边不再有熟悉自己过去的人而突然"变脸"，像换了个人似的朝气蓬勃起来。这就是所谓的"难堪""难为情"。为什么呢？因为，自己其实不是这样的人，却要勉为其难，装出新的样子。那种不自然的感觉甚至让人觉得有些困惑。

但是，与我在巴黎的语言学校时一样，我并没有装模作样。同样，上了大学之后，我也没想故意给自己戴上新面具。只是因为自己身处那样的环境，自然而然就变成了那样，也没有意气风发地想要"再次出道"。从不同角度观察，似乎结果都是一样。当然存在有意识地顺应新的人际关系的成分，但是肯定不会每次都应对自如。这样装模作样也不是长久之计，一定会露出破绽吧。我的变化应该大多与无意识的因素相关。

而且，更重要的是，我并不觉得中学时代的自己和在大学跟他们交往的自己不是"真正的自己"。如果那天在烤肉店忙于应对的自己是"虚伪的自己"，那么"真正的自己"是什么样子呢？这样的自己存在吗？

　　人在对他人关系中会呈现各种各样的自己，而且这些自己并不是装模作样，不是假面，都是"真正的自己"。如果他们了解这一点，并认为这是理所当然之事，那么他们就不会对高中时代的我和大学时代的我这两者之间的差别感到大惊小怪了。因为，我之所以不同的原因就在于他们。或许我也不必感到"难为情"，说上一句"跟你们在一起，我才变成这样的"也就过去了。

　　还有很多这样的例子。例如，我与工作伙伴谈事情时，有时会因意见相左而声色俱厉；可是与老家年事已高的祖母聊天时，自己的语气、表情、性格却变得截然不同。这并不是因为我在祖母面前特意装出这般模样，而是自然而然成了这个样子。与尊敬的作家聊天时的我和在家哄孩子时的我简直判若两人，而我自己并不能控制导致我变成这个样子的紧张或惬意的情绪，而是不由自主就成了这个样子。因此，我只能认为这些角色都是共存于我内部的自己。

在网络上成了截然不同的人？

既然论及到了问题的核心，那我们就再来看一看这一问题与互联网之间的关系。

互联网开始广泛应用是二十一世纪初的事，当时我曾因读了朋友写的博客而吃惊不已。

他平时非常沉稳，甚至寡言少语，可是在博客上却颇为饶舌，对听过的音乐、读过的书的评论也极其辛辣。从所写细节来看，的的确确是我的朋友，但无论是话题的选择还是讲述的口吻都与我了解的他判若两人。吃惊的不止我一人，我们共同的朋友们都惊讶地说："那家伙原来是那样的人呀！"

随着网络不断普及，这样的事情也频繁出

现。从他们在 Mixi① 上写的日记和在 Twitter② 上发表的推文来看，他们在网络上的状态和现实生活中我所熟悉的状态并不完全一致。

渐渐地我也就不以为然了。

人有各种各样的面孔。——这个道理虽然在网络出现以前就广为人知了，但鲜活地摆在人们眼前时，还是带来了巨大的冲击。那个人在不与我接触时是什么样子呢？这在以前是绝不可能有机会知道的，如果当时我在场的话，那个人一定会表现出应对我时的面孔吧。

那么，为什么他在网络中会表现出"真正"的样子呢？这一问题的前提还是"真正的自己/虚伪的自己"这一模式。

"虚伪的自己"给人的印象是，为了与他人保持步调一致，表面上不断变化自己的形象。因此，我们推测在空无一人的房间里独自写出的博

---

① Mixi，日本社交网络服务网站。
② Twitter，美国社交网络及微博服务网站。

客或许是他的心声，是他真实的样子。

相反，也有的朋友说，"那是他装出来的样子"。我们平时接触到的他才是他"真正"的样子，博客不过是他迎合网络规则写的东西。

似乎双方都有一定的道理，进一步讨论下去就会发现，想要分清哪个是"真正"的他这件事本身反倒变得毫无意义。他的博客确实是按照网络规则所写，但给人感觉有的部分也流露着真情。而且与我们交往时，也遵循我们的规则，并没有给人一直在伪装自己的感觉。

结果就是，每个他都是"真正"的他吧？

现在的年轻人在 Google+①或 Facebook② 上把朋友分组，习以为常地操控自己以怎样的面孔面对怎样的人。对他们而言，网络发展初期出现的关于真实人格 vs 网络人格的真伪之争，或许听起来有些愚蠢吧。虽说让人很厌烦，但是在"个

---

① Google+，美国网络搜索平台谷歌旗下的社交网站。
② Facebook，中文常用译名为脸书，美国社交网络服务网站。

人"所拥有的各种面孔像这样第一次毫无遮拦地表现出来时，我们的社会只能从各种负面来探究这些面孔，是隐藏的面孔，还是双重人格？可以说这种探究倾向直到现在依然存在。

一个方面不代表本质

换位思考一下，我自己也曾因为被写到网络上而给人异样的感觉。

一次，我跟一位来采访我的撰稿人聊天，我兴奋地聊起了硬摇滚和重金属音乐。因为我十几岁弹吉他的时候，曾痴迷于这种音乐，上中学时每个月都要一字不落地阅读专门杂志《BUR-RN!》。前面我曾谈到在教室中很孤独，可一谈起音乐我总是兴致盎然。

也许是这件事给他留下了非常深刻的印象吧，后来这位撰稿人在自己的博客中写道："平野启一郎既不喜欢古典音乐，也不喜欢爵士乐，其实是一位重金属音乐狂，滔滔不绝地聊重金属音乐。"

虽然对方是心存好意才这样写的，但老实说，被这样描写我还是心有抵触的。凡是音乐我基本都喜欢，而对于重金属音乐我现在只是偶尔才听一听。不去听现场演奏，对重金属音乐的了解也大致停留在二十世纪九十年代中期的水平。

因此，"其实是重金属音乐狂"这样的描述，让喜欢爵士乐和古典音乐的我多少会觉得描写的是"不真实的我"。我最熟悉的音乐家也是我小说中的主人公是肖邦，而我最喜欢并且一直在听的是迈尔士·戴维斯。之所以与他畅谈了重金属音乐，是因为这是我们之间共通的话题。与喜欢肖邦的人聊天，我会选择关于肖邦的话题，与喜欢迈尔士的人聊天，我也乐于选择关于迈尔士的话题。

面对他时的我如果被认为是"真正"的我，我会觉得有些片面。因为我自身还有他所不熟悉的一面。当然，对他说过的那些话都是"真实"的，但是喜欢古典音乐的我、喜欢爵士乐的我同样是真实的。

此外，还有类似的经历。

有一次，我被邀请去地方演讲，题目是《IT①与文学》。

我准备了很多深奥的话题，但开讲时候是工作日的白天，我到了会场，发现到场的都是连电脑都没碰过的老年人。

我试着从非常基本的问题说起，大家居然一边点头一边认真地听着，还不时附和着"是这样啊，是这样啊"。我一直按照这样的节奏进行着，话题也没有预想的那样深入，这也是没有办法的事情。

然而，这次演讲的记录却在报纸上登载了。我无意间在博客上看到一位读了这篇报道的年轻

---

① IT，信息技术的英文缩写。

人写道："平野居然还发表关于 IT 的演讲，他说的都是些人尽皆知的话题。"

不了解会场情况的人如果读了这篇报道，产生了这样的想法，是可以理解的。

交流是通过与他者的共同作用才得以完成的。谈话内容、语气、氛围等都是在相互影响下决定的。因为，成功的交流本身是令人愉悦的。

但是，上面举出的事例中的任何一个自己，如果被恣意地认为是自己"真正的样子"，那我们一定会加以反对。因为，我们会倾向于认为那是仅限于那一场合的、表面上的自己。自己不过是戴着假面扮成那个样子而已。"真正的自己"喜欢各种音乐，对 IT 也非常了解。

当我们的本质由他人规定，自己被缩小时，我们会感到不安。

"真正的自己"的幻想中潜在的问题

我们先来总结一下。

人有多个面孔。——我们暂且肯定这一点。面对的人不同，会自然而然呈现出各种各样的自己。对于这一点，我们不必有丝毫顾虑。无论去哪儿都摆出一副我行我素的样子，不但令人生厌，还无法与他人展开交流。

可见，人绝不可能是独一无二的"（不可分的）个人 individual"，而是复数的"（可分的）分人 dividual"。

人如果都是始终如一、不可分割的，那么这就与现实当中存在形形色色的面孔这一事实产生了矛盾。为了消解这一矛盾，我们只能给这些自己做价值排序——自我（＝"真正的自己"）独一无二，其他的只不过是表面上区分使用的角色、假面和人格。

但是，其实这种思考方式是错误的。

理由之一。如果这样思考的话，那么我们不可能以"真正的自己"跟任何人实现交流。那么，产生所有人际关系都将成为虚伪之徒、假面之辈之间的尔虞我诈。这是不妥当地贬低他人和自己产生的错觉，与实际感受相去甚远。

理由之二。分人并不是任由一方来决定的，而是在与对方的相互作用中产生的。装模作样、戴上假面这样的比喻不仅仅是表面行为，一旦主观上这样决定了，就会给人以僵直、不好相处的印象。

实际上，我在老家的祖母和朋友之间产生的分人是在长期以来的交流中不断交换喜怒哀乐等各种反应的结果。也是在相互作用下变化的结果。相互间的语气、表情在多年以后与最初相见时相比也会发生变化吧。用"变换了面具""改变了面具"等说法来逐一说明这些变化是不可能的。关于这一点，我将在第二章详细论述。

理由之三。与他者交往时的各种各样的分人是有实体的，而"真正的自己"是没有实体的。——是的，那最终只是幻想而已。

无论对方是怎样的人，我们在与此人的人际交往中都不会表现出自己所有的可能性。举一个例子，中学时代的我爱读小说、憧憬美、思考人的生死，这些经历无法与同学分享。正因为如此我才会认为"真正的自己"一定潜藏在某个地方。但是，实际上在小说中流连忘返的我不过是在与作品世界相互作用中产生的一个分人。这绝不是唯一有价值的我，在学校的面孔也不是由这个我来扮演并区别使用的。

所有分人都是"真正的自己"。

但是，因为我们无法这样思考，而是被独一无二的"真正的自己"的幻想所控制，所以承受了非常多的痛苦和压力。尽管在哪里我们都找不到"真正的自己"的实体，我们还是执拗地想要了解它、找到它。

27

这就是"我"是谁这一对于身份认同的疑问。

"尊重个性"

在杂志的占卜特集或讲述自我提升的书籍中，经常可以看到"真正的自己"这一说法。

与这个词配套的就是"个性"一词。所谓"个性"就是每个人作为"个体"存在的特殊性质。

我们都希望找到自己与众不同的、有个性的地方，不为人左右，并悉心呵护自己的个性。

然而，烦恼的根源就在于不清楚自己的个性。

个性究竟是什么呢？

二十世纪八十年代的前半期，日本文部科学省（当时日本的文部省）的中央教育审议会明确提出了"尊重个性"这一目标。生于一九七五年的我在读小学、初中时，正是"伸张个性""做有个性的人"等主张在教育界被炒得沸沸扬扬的时候。

我属于日本第二次生育高峰期①的一代，因为这一代人口众多，高考竞争更加激烈，所以产生了摆脱填鸭式教育的想法，对于这一问题意识本身我觉得非常正确。但是，耳边终日被"个性"一词所萦绕却让人非常厌烦。

因为即便是告知他们要做有个性的人，那个年龄段的孩子也不知道究竟该如何是好。大家都穿着一样的校服，从早到晚学着同样的课程。虽然参加社团活动，但这就是有个性吗？没办法，于是就在发型上下功夫，或是改一下校服，但是却被叫到老师办公室，说这是曲解"个性"。

其实任何人都有个性。这个世界上不会存在两个完全一样的人。每个人都有自己对事物的认知方式、感知方式和思考方式。那些个性鲜明的

---

① 日语为团块二代，指 1971 年至 1974 年前后在日本出生的一代。

人与社会产生的龃龉较多，痛苦就较多。脱颖而出的人或许更加憧憬平凡。

事实上，教育界提出的"尊重个性"指的是将来要把个性与择业结合起来的意思。找到自己想做的事情，努力实现梦想。步入社会后，能做自己喜欢的工作就是有个性的生存方式。表现自己的个性其实指的就是那个时候的事情……

虽说如此，弄清楚自己想做的事情却没有那么简单。我们经常被指责"年纪轻轻的却没什么梦想和目标"，然而职业的多样性原本是应社会的需要而产生的，并不是因为存在形形色色的有个性的人，为了表现他们的个性而被创造的。也就是说，并不是因为世上有擅长送信的人才创办了邮局，而是因为需要通过书信交流才创办了邮局，然后才开始招募在那里工作的人。而且，职业的多样性与个性的多样性相比是极为有限度的，数量也是有限的。

我来重复一下，人人都有个性，问题是要与

职业匹配。很容易看清方向的人自不必说。但是，有的人怎么也看不清自己模糊的个性究竟适合哪种职业。虽然他们想要做事的意愿比内心的苦闷更为强烈，但却不知道想做的事情是什么。我自己也有这样的一段时期。

我们都有"选择职业的自由"。这同时也意味着有"选择职业的义务"。为什么这么说呢？因为我们的社会按需要分化出各种各样的职责，如果没有人来承担这些职责就会出现问题。农业或渔业的继承人问题经常被提出来，如果适合农业或渔业的人不承担这些工作的话，就说不过去了。

社会不会认可不承担义务的人的"个性"。因为作为社会分工的一环，他们的个性并没有发挥作用。

夏目漱石曾在《我的个人主义》这一非常有名的演讲录中这样说过：

我一直从事教职，可一有工夫心里就想着要奔赴去干我的本行。但是，所谓的本行却似有似无，不论朝着哪个方向，都无法毅然决然地奔赴而去。

我知道，既然生在这个世上就必须干点什么，但是干什么好呢？对此却是一点头绪也没有。我就像被锁在迷雾中的孤独之人一样，彷徨不知所措。

学生时代的我对这段话深有感触。

身份认同危机

假设即便是这样，我们还是找到了想做的工作。但事实上，在我大学毕业时的一九九八年到一九九九年前后，不仅大学生数量激增，还因为泡沫经济后经济萧条，找工作遇到了前所未有的冰河时期。原本想要通过职业来实现自我，在社会中充分发挥个性生存下去，但无法从事自己理想职业的人层出不穷。这种情形，即便是当下，也很常见。

在思考自我同一性这一问题上，社会属性具有举足轻重的意义。其意义在于自己的个性因对社会有贡献而得到了认可。

但是，内心一直残存着"要有个性地活下去"这一念头，却无法在社会中找到自己的位置，这种状态非常痛苦。如果认为职业等于个性，对不称心的工作就会产生抵触，就会觉得做那样的工作的自己不是"真正的自己"，就会想当然地找个临时工作聊以度日，然后幻想着有朝一日能做表现"真正的自己"的"个性"的工作。

前面提到的漱石的演讲，接下来还有这样一段：

啊，这里有我前进的道路！终于开辟了

这条路！当这样的感叹词从内心深处喊出来的时候，你才会安心吧？

无论什么时代，身份的动摇是任何人在成长过程中都会经历的。从没提出过"我是谁"这个问题就长大的人恐怕不存在吧。而且，这个问题如果得不到解决，就会陷入深深的苦闷。回首从前，我自己那茫然不知何去何从的大学时代，简直苦不堪言。

正如漱石所说，如果找到能表现自己"个性"的工作，这样的动摇才会一定程度上得以缓和吧。

此外，还有一种方法，就是通过消费来确认身份。自己开什么样的车，穿什么品牌的衣服，住多么讲究的房子，以此来确认自己是怎样的一个人。

但是，经济状况的恶化让上述这两种可能都成了泡影。身份认同危机本身虽然是近代以来的

什么样子。在社会上实现这样的自我的答案就是职业。向着目标努力的人很了不起，没有目标的人就是没有充分认真地对待人生……

大学时代，最痛苦的就是被问及"将来打算做什么"，也打心底里羡慕那些能爽快地回答这一问题的人。

我最终当了一名小说家，也因此或多或少消除了选择职业的不安，然而身份认同上摇摆不定的问题并没有完全解决。

自己具有多面性的这种意识越来越强烈，正如前面提到的关于爱好音乐的逸事那样，由他人来评定我的本性，让我产生了强烈的反感。我的每一部作品的风格、文体都在变来变去，但这绝非是停留在"只是尝试一下"这样的表层上的实验，都有强烈的必然性动因。

另一方面，确实很难否定与周围人有不同的感知、思考并生存着的自己。这些不都是我这一"个体"的自我、个性以及成为核心的"真正的自己"吗？我不正是以这样的自己为立足点步入社会、与人交流的吗？我不正是因为感到这样的自己与他人不同，在童年时代才徒增了许多烦恼吗？

这个问题也与我的创作有关。因为在小说中描写一个人物就应该表现其"本质"。

出于这个原因，我决定通过写小说来逐步思考自身的疑问。从某种意义上说，我就是那个"潜身"于各种职场，开启围绕各种主题的"外出探求自我"的那个人。

即使人们说不存在"真正的自己"……

事实上，直到我读大学时还残留着后现代（主义）的热潮，主体性的解体被讨论，而此处提到的执着于"真正的自己"在当时则被当成是反动的、不合时宜的个人烦恼。

这类书，不知有多少人读过，作为通俗易懂

的说明，当时被挂在人们嘴边的一句话就是：人不是桃子，而是洋葱。桃子中间有桃核。由此可以想象出，人有确定不变的自我（＝"真正的自己"），是有主体的。可事实上，人却像洋葱皮一样，剥去偶然的社会关系或属性后，什么都没有了。也就是说，人并不存在"真正的自己"。

但是，作为大学生的我，听到这些道理，并不觉得受益匪浅，反倒产生了强烈的厌恶感。那么，现实当中正这样感知、思考着的我到底是什么呢？而且，将来的职业问题也是一个非常现实的问题。

我非常喜欢森鸥外，他一定要把"仕事①"写成"为事"。不是"所奉之事"而是"所为之事"。我很喜欢这个创意。人一生当中要"做各种各样的事"，睡觉、起床、吃饭、读书、看电影、约会，等等。所谓职业不过是这些"所为之事"中的一件而已，然而却是一天二十四小时，

————

① 仕事，日语中为"工作"的意思。

直到死去的几十年中消耗时间最长的一件事。因此，如果不是适合自己"本性"的工作，一定无法忍受。

变身愿望

在此，我想请大家和我一起看一看我是怎样通过写小说来思考这个问题的。这完全是我的探索过程，不知道能否按照顺序厘清思路。

在处女作《日蚀》（一九九八年）中，我借由发生在中世纪末的异端审判，描写了神与人、人与"巫女"之间的关系。人是"（不可分割的）个体"这一看法最初源于一神教。只有独一无二的人才能面对独一无二的神。但是，另一方面，日常生活中还存在人与人之间的关系。"巫女"指的是那些被当成异质的存在而被社会排斥的人。

第三部作品《葬送》（二〇〇二年）以近代发端期的十九世纪中叶为舞台，以浪漫主义艺术家肖邦和德拉克洛瓦为主人公，他们在"神已死"这激荡的现实社会中，试图将"真正的自己"奉献给艺术，并以此生存下去。返回来再看第二部作品《一月物语》（一九九九年），这部作品描写了"个人"这一新观念传入日本的明治时代时青年的苦恼。

我最初写涉及现代身份认同问题的作品是二〇〇三年发表的短篇小说《最后的变身》（收于《时钟们滴落的波纹》，二〇〇四年）。

当时我想把卡夫卡有名的小说《变形记》作为宅居故事重新解读。我们总是爱把目光落在变身为虫子这一令人震惊的事件上，但其实更应该关注主人公因不明原因无法走出房间而不得不由家人来照顾的生存状态。

如果认为职业是个人实现"真正的自己"的唯一途径，那么社会如何看待那些失去职业的人呢？他们又如何审视自己的状态呢？

职业确实能给每个人暧昧模糊的个性赋予一个明确的形式。社会则通过这一形式来认知这个人。可是，社会又如何认知那些觉得职业与"真正的自己"并不吻合的人呢？会认为他们还有另一副面孔吗？

在《最后的变身》中，成为宅男的主人公读了《变形记》后这样思考：卡夫卡虽然白天在工伤事故保险局做职员，但他的假面背后一定隐藏着一个更加暧昧模糊的"真正的自己"。社会对此抱有偏激的想象。因此，才把他比作"虫子"。突然不能去公司、丧失了社会属性的自己，不正处于萨姆沙那样的状态吗？

由此主人公开始回忆过去。从前他在学校虽然活泼开朗，但总有一种异样的感觉，觉得"真正的自己"并不是这样。如今他不用再迎合他人，便开始在孤独的房间里痛苦地找寻"真正的自己"。他逐一否定了身处每一层人际关系中的自己，觉得那都是在逢场作戏。但是，无论怎么思考，都想不明白"真正的自己"究竟是什么样子。……

我无论如何也无法给小说一个充满希望的结尾。

经过这次对"真正的自己/虚伪的自己"这一模式的彻底思考，我终于明白这一构思本身依然存在不合理之处。

比匿名性更严重的匿颜性

接下来思考与网络相关的"真正的自己"的小说是《无颜的裸体们》①（二〇〇六年）。

一次，我无意间在网上看到了非常变态的照片。

照片上好像是某个小学的校园，天气晴朗，孩子们正在上体育课。一位女性站在那里。她居然一丝不挂。但是，脸部却用马赛克遮住了。从

---

① 中译本为《无颜者》（浙江文艺出版社，2018年）。

体形来看，差不多三十多岁。头发黑黑的，看上去很普通。

我吃惊地看着这幅超现实主义的画面。网络宽带化后，图片和视频的传输变得容易起来，一检索就会出现许多像这样把自己和恋人的裸照上传到网上的狂热的成人网站。

这些照片形形色色，既有稳重的，也有过激的，只有脸部都被谨慎地遮挡了起来。我看着这些照片陷入了沉思，那些照片上的人这样做很难为情吧？

想来一定很难为情。上传的照片上显示着评论和浏览次数，其中还有浏览次数达到几万次的照片。如果被要求在座无虚席的东京巨蛋①的舞台上全裸着身体，无论是谁都很难为情吧！

但是我们并不知道这些照片上的人是谁。网络上的匿名性问题时常引起争论。因为匿名，所

① 巨蛋，英语 Dome 的通俗译名，指圆顶体育场。东京巨蛋，位于日本东京文京区的大型圆顶体育场。

以才会出现相当过分的评论。因为投稿的人不确定，也不会伤及他们的名誉。同样，只要把脸部隐藏起来，无论多难为情的事，都无所谓了吧？

我把这件事讲给旁人听，他又给我讲了一件变态卫生间的事。这个卫生间里没有门。取而代之以面具，人们戴着面具方便。当然从外面可以看到。但是，不知道脸是什么样子，就无法确认方便的人是谁，能看到的只是排泄这一人类共通的行为。即便你在方便时被朋友看到，也不会确定是你。随后在走廊碰到，也不会把刚才在卫生间里的人跟你联系起来。这样一来人们会萌生害羞的心理吗？应该不会吧。

很遗憾我忘记了这个话题源于何处。或许这样的卫生间真的存在，也或许是某位艺术家创作的作品。事实上，有可能通过服装来确认一个人，不过我还是觉得这个构思很有意思。

人有各种各样的面孔。——这是本书在反复重复的一句话。但事实是这样，虽然我们拥有各种各样的人格，可脸却只有一张。

在电视采访中认真探讨文学的我和在酒吧跟朋友畅饮的我，这两个形象虽然相去甚远，但人们还是会认为"两者都是平野启一郎这个人"，那是因为脸孔相同。要是把脸部隐藏起来，或许人们就不会把这两种人格联想在一起了。

通缉犯最在意他们的脸。在大街的人群中，他们不会因姓名而被发现。无论怎样更换名姓、伪造履历，只要脸不变，就会被人发现。

驾照、护照，甚至大头照，都是确认是否是本人的必要证件。在二〇一一年夏天发生的伦敦骚乱中，民间团体通过在 Facebook 照片中检索电视上拍摄下来的脸孔确定了参与者。

各种人格最后都统合在一张独一无二的面孔下。反过来看，只要能隐藏起脸，我们或许可以以复数的人格互不干扰地活下去。网络上的裸体投稿人就是其激进的实践者。

他们想让更多人看到他们的裸体，但绝不希

望熟知自己的公司上司、家人同时看到他们的脸。

安部公房早就以这样的话题为文学题材，创作了《他人的脸》和《箱男》。而且在这些作品中，性问题也占据了重要位置。

在网络与现实之间

我对其中一点很感兴趣，发布自己裸照的女性们大多看上去都是极为"普通"的人。最初的那张照片也是这样，从服装、房间的感觉来看，也并不特别、奇特。假使她们就住在附近，也是完全不会被注意的那种类型。

《无颜的裸体们》描写的是交友网站上相识的男女迷上了发布"无颜裸体"照的事件，我将女主人公设定为来自乡下地方的、中规中矩又很认真的中学教师。形象就像福楼拜的《包法利夫人》中身为医生的贤淑妻子，却因婚外情而走向毁灭。不同的是，我把她的交往对象设定为一个平庸却具有强烈性欲及占有欲的男人。

最初她认为，在交友网站上认识的男人面前的自己和在网上发布照片的自己都不是"真正的自己"，只是装扮出来的"虚伪的自己"。然而现实生活中仅与屈指可数的几个人保持着平淡交往的她，在网络上却受到了几万个男人的热烈追捧。这让她找到了奇妙的心理平衡，从而在无聊的现实生活中忍耐下去。

这期间就连她自己也分不清究竟哪一个才是"真正的自己"。

用网络与现实这一两分法来应对人的内心与外表、表与里、公与私、表面上的假面与本性，这样思考貌似一目了然。现在一有平日里老实、正常的学生犯了什么罪，发现了他在网上的博客留下恐怖言论，媒体就会一片哗然，说那才是他的"真面目"。其实他就是这样的人，为什么周围人没发现呢？

如果现实世界中的自己是"真正的自己"，那么网络世界中的自己就是"虚伪的自己"吗？还是正好相反呢？——这样的两分法非常适合属于中篇小说的这部作品。但是，写完这篇小说后，我认识到如果情况更为复杂的话，这个模式就不奏效了。因为，现实世界中，人必定有各种各样的人格，即便网络，也不是平板一块，随着场景的变化将会出现——必然会出现形形色色的人格形象。

在现实与网络之间画上一条真实与虚构的界线是错误的。Facebook 实行实名制后，二者对接成了一个世界，这一认识在日本也逐渐推广开来。但是，我关心的是更为细化的情况。

正因为想活下去才自残

《在费康》（收于《此方、彼方》①）这篇小

———————

① 小说的日文题目为：《あなたが、いなかった、あなた》。

说以与之前稍有不同的角度，重新探讨了身份认同问题。

前面我提到，我们这一代出现了很多"闭门不出"和"外出探求自我"的现象，其实还有一个我一直很关注的现象，就是以割手腕为代表的自残行为。宅居，男性比较多见，与此相对，据说割手腕的多为独身女性。

人们经常将自残行为理解为有自杀企图或自杀未遂。但是，如果自杀意图非常明确的话，应该选择跳楼这种绝对不会失败的方式。割手腕等自残行为如果真是自杀未遂的话，也是成功的可能性极低的自杀方法。做出不会致死的自杀的样子，自残行为的复杂性就在于这一点。

我自己从来没尝试过伤害自己的身体。只是十几岁的时候，有一种自残幻想癖，我一直在思考这究竟是为什么。*les petites Passions*（收于《时钟们滴落的波纹》）是一部由五个散文诗风格的短篇构成的作品，里面描写的少年幻想被刺穿、被剁碎的场面，就是以我自己的自残幻想为素材创作的。

起初我认为这或许出于一种自我惩罚的心理。为了否定自己恶的部分并加以纠正，自己内部的某种东西——叫超我也好，逻辑也好，单纯的正义感也好，叫什么都无所谓——不正需要这种伴随着痛苦的"惩罚"吗？

但是，当我抱有这样的想法时，倒不是做了坏事时，而是做了难为情的事后，回想当时的场景时。我想从记忆中抹去那时的自己——不是想伤害自己，也不是想杀死自己，就是感觉想从自己的身份中抹掉这个自己。单纯从观念上消除的话，起不到什么作用。于是就想感受某种强烈的痛苦，这样才能获得本不应该存在的自己被否定了的快感，内心由此得到治愈。

我开始思考，文学作品中的主人公苦恼、死去，读者对此产生共鸣，我这个奇怪的习惯是不是与此相关呢。十九世纪的名著中，主人公最后死去的作品特别多。这不是作者随意的决定，应该是读者的需求。附带着读者自身情感的主人公，代替他们痛苦、死去，他们才能在现实中生存下去吧。再向前追溯，基督教徒通过"绑缚在十字架上的神饮血盟誓，同牺牲神秘合体"（尼采）达成赎罪的感觉，这与上述行为难道不是共通的吗？

在《在费康》这部具有私小说风格的作品中，我是这样思考的。

自残行为并不是想杀死自己，只是想杀死"自己的形象（selfimage）"。所以才不去选择切实可行的自杀方法。或许正好相反，因为现在的自己生无可恋，所以要否定这一形象，获取别样的自我形象。也就是说，并不是愿意去死，而是想要活下去的愿望的一种表现。

如果不想保持"这个自己"，而是想成为"另一个自己"，那么必然存在多个自己。自残行为不正是对自我身份的整理吗？

假如"真正的自己"只有一个，那么否定自己的形象就意味着否定自己本身。这也许是将来的课题了，我决定在《填补空白》这部小说中结合日本自杀者的问题，进一步深刻地探讨这一主题。

走投无路的《决坏》

以上，我从本人创作的涉及各种主题的小说中，抽取了涉及身份认同问题的部分进行了梳理。这样解释的话，或许会让人觉得我非常注重从理论出发来构思小说，但实际情况恰恰相反。写小说时虽然有一个假设的前提，但我总是边写边产生怀疑，然后换其他方式进行思考，直到摸索出一个能让自己信服的结局。

《决坏》是以罪恶与杀人为主题的小说，但从身份认同问题来看，这部小说可以说是对我迄今为止思考的问题的一个总结。

主人公虽然是非常善于与人交流的人，但他并不想像《最后的变身》中主人公那样痛苦地探求"真正的自己"。他深感这些不过是幻想，才因空虚无助而痛苦。但最终查明他那根本不存在的"真正的自己"并不是他本人，而是把他当作碎尸杀人案嫌疑人进行调查的警察，还有对案件进行报道的媒体。

前面我提到《日蚀》涉及了神与人之间的身份认同问题，同样，巫女审判（异端审判）也是这部小说的一个主题。

近代以后，诉讼开始针对杀人、盗窃等具体犯罪行为。嫌疑人必须辩明是否有过这些行为。但是，中世纪的巫女审判却基于那家伙好像是巫女的这种谣言，从而对这个人的存在本身提起诉讼。被怀疑的人必须赌上自己的身家性命，辩明"我不是这样的人"，而不是去辩明"我没有做过这样的事"。也就是要证明"真正的自己"是无罪的。

然而，在现代的搜查、审讯中，对于"真正的自己"这一令人存在产生怀疑的诸要素有时会意想不到地浮现出来。从最近的检察官不正当取证事件可以看出，他们甚至捏造具体行为，让事件符合逻辑，对嫌疑人的存在本身提起诉讼。

在以悲剧结尾写完《决坏》后，我也最终丢弃了"真正的自己"这一观念。与此同时，我收到了许多读者的感想留言。其中一条是这样写的。

"读了《决坏》我很感动。但是该如何活下去呢？我迷失了方向。"

于是，我开始思考新的可以替代以往关于身份认同认知方式的思想。围绕这一问题创作的就是《曙光号》这部小说。正如我在下一章谈及的那样，这一思想的中心概念不再是"个人"，而是"分人"这一单位。

最后，作为这一章的总结，我再重申一次：

一个人的存在并不是"不可分的 individual"，而是复数的、"可分的 dividual"。正因为如此，独一无二的"真正的自己"、始终一致的"毫不动摇"的原本的自己是不存在的。

　　那么，"我"究竟是什么样的存在呢？

第2章　何为分人

令我们苦恼的矛盾

现在，对"个人 individual"一词，我们已经习以为常了，但是在明治时代刚刚引进各种概念时，人们并不是非常理解。原因与其说在于日本近代化较晚，不如说这一概念的发端本身就是西洋文化的特殊产物。这个问题非常复杂，我在卷末《补记》中将详细叙述，在此，想请各位读者紧扣两个主题。

一个是一神教——基督教信仰。"一人不能侍奉二主"，这是耶稣的训教。人不能有多重面孔。要始终如一地以独一无二的"真正的自己"信仰唯一的神。这样，原本只有"不可分"这一含义的"individual"一词，就派生出了"个人"这一含义。

另一个是逻辑学。各位试想一下有椅子和桌子的情况。它们可被分类为椅子和桌子。但桌子就是桌子，无法再分，椅子也不可能再分出椅子。即这种不可再分的最小单位叫"个体"，这是喜欢分析的西方人基本的思考方式。

在动物这一范畴下，还可细分为哺乳类、人类、人种、男女、个人。到此似乎已不能再分了，一个肉体的存在就是作为"个体"的一个人，即"个人"。世界上有国家、有城市、有住在几栋几号的家庭、有父母、有孩子，还有貌似不能再细分的你这一"个人"。

反过来看，将个人统合起来的是组织、社会。这样的思考方式，日本人能多大程度地接受呢？

"个人"这一概念在把握一些大范畴的存在关

系时确实很有意义。——类似于社会与个人、国家与国民、公司与其中一名职员、班级与其中一个学生……

然而，仔细观察我们日常生活中的人际关系，就会发现"不可分"的、始终如一的"真正的自己"这一概念过于粗糙、僵化，与我们的实际感受相悖。

有无信仰暂且不论，我们在日常生活中面对的并不是唯一的神，而是各种各样的人。

而且，无论我们怎样抽象地描述社会与个人的关系，从早到晚，我们现实中接触的还是公司的上司或同事、恋人或便利店的店员等具体的、形形色色的人。网络时代尤其超出了我们通常狭窄、均衡的共同体范围，当我们频繁地与背景不同的各种各样的人交流时，再用"社会"这一概念将他们粗略地网罗在一起就没有意义了。

我们希望自己的个性得到尊重，同样，我们也必须尊重别人的个性。再次重申，无论对方是谁，你都强行摆出一副"这就是原原本本的我、真实的我"的样子，一定会招人嫌弃。我们会非常自然地在自己与他人的个性之间寻求调和，相应地衍生出可实现交流的人格，这样的人格确实存在。这是俨然存在的事实。因为交流一旦达成，就会让我们发自内心地感到愉快。

这些复数的人格各自独立，互诉衷肠，相互感知、思索对方的言行，做出改变人生的决断。也就是说，这些复数的人格全部都是"真正的自己"。

尽管如此，在生活中把我们当成唯一的"个人"来对待的局面依然存在，例如选票（一人一票）、学生在教室里的序号（无疑是"不可分"的整数），等等。而且，自我、"真正的自己"这些固定观念已经根深蒂固。因此会认为除了日常生活中存在的复数的人格，不知何处还存在着一个成为其核心的"自我"。或者还可能认为，这些复数的人格只不过是表面上的"面孔""假面"，内心深处还存在着一个"真正的自己"。

因为这一矛盾的存在，我们才一直苦恼、困惑。

何为分人

那么，我们该如何是好呢？

当我们去咨询人生问题时，经常会听到"放弃自我吧""要无私"等说辞。但是，就算听了这些大彻大悟的话，依然不明白该怎样活下去。自己这个人活生生地存在着。这个"我"究竟该何去何从呢？有人会劝你，要无欲无求！可是从这一意义出发，就只能出家了。

为了在世上活下去，我们必须要有立足点。让我们尝试着将这个立足点放在对人关系中实际会产生的多个人格中来进行考察，结果会发现并不会有自我或是"真正的自己"存在于其中心位置。只有人格与人格之间相互勾连而结成的网。

为了把被认为不可分的"个人"分开，想出一个比它更小的单位，本书导入了"分人"（dividual）这一新造词。就是"可再分"的意思。

但是，否定了自我，这么多人格怎样才能生存下去呢？

这个问题恰到好处。接下来我们就按照顺序认真思考一下，怎样做才有可能让复数的人格生存下去。

首先，我想请大家形成这样一个印象：

一个人拥有多个分人。与父母在一起的分人、与恋人在一起的分人、与亲友在一起的分人，职场上的分人……你就是这些分人的集合体。

如果把个人看成整数1，那么分人就是分数。人际关系的数量因人而异，因此分母也各不相同。随着与对方关系的变化，分子也将发生变化，这一点非常重要。

与对方的关系密切，分人的分量就大；关系

疏远，分人的分量就小。把所有分人加起来就是整数1。这是我最想让大家了解的。

分人所结成的网络中不存在中心。因为分人不是自己任意创造出来的人格，而是在一定环境和对人关系中形成的。正如我们所处的世界没有绝对唯一的地点一样，分人也是由每个个人各自的构成比率形成的。而且，分人之间的转换并不是由位于中心的指挥塔有意识地操控的，而是根据对方的情况自动匹配的。大街上与朋友不期而遇，喊着"嗨"，跟他打招呼时，我们已经不知不觉地变成与这个人在一起的分人了。并不是"真正的自己"慌里慌张地故意戴上假面、装模作样。因为我们不可能从各个细节来控制感情。

以分人这一概念为基础思考自己的问题，与单纯地"抛弃自我"有什么不同呢？

只要我们生活在这个世上，就必定要持续地与特定的人发生联系。

因此，我们不可能每遇到一个人就以一个全新的自己来面对。每次上班都从自我介绍开始，重新建立各种关系，我们从没听说过这么愚蠢的做法。

我们在日复一日的反复循环中生存着，与周围人日复一日的交流也在反复着。

所谓人格，就是通过这样的反复而形成的一种模式。

以这样的态度、这样的说话方式，就能达成与这个人的交流。随之，内心还会涌起喜怒哀乐等各种各样的情感。见面次数越多，这一模式的精密度就越高。而且，关系越亲密，这一模式也就越具有能够应对更为复杂的交流的广度。接触的人越多，具备的分人就越多，这就是人类。

而且，他者并不一定是现实生活中的人，既可以是只在网上交流的对象，也可以是自己爱好的文学、音乐、绘画。或者，面对宠物狗或猫时，我们相应地也拥有便于交流的一个分人。

接下来我们将关注的是"分人"是如何产生的这一问题。

社会性分人　第一阶段

分人在与特定交往对象反复交流中形成。

这一过程大致分为三步。

首先，任何人际关系均从不熟悉对方的状态开始。

面对初次见面的人，通常我们先是做自我介绍，然后聊一些无足轻重的话题。而且以大多数人共同关心的话题为宜，比如天气啦、体育比赛结果啦、媒体关注的事件或演艺圈的八卦，等等。从这一步开始，相互寻找面向对方的分人化的方向。

最初阶段的分人是"能与不确定的多数人交流的、具有较高通用性的分人"。我们暂且叫他社会性分人。

社会性分人指的是我们在日常生活的许多情况下的未分化状态。

比如在住宅楼电梯里遇到不认识的居民时，我们会略微打个招呼，有时交谈两句。

"真热呀，今天。"

"就是呀，热得人不舒服。"

这些几乎都是没什么内容，为了交流的交流。这时，无论对方是什么样的人，我们大致都处于同一种状态。这就是被社会普遍接受的分人。

由社会性分人开展的日常生活交流占绝大部分。

因为在便利店和家庭餐厅结账时，我们没必要过分寻求符合店员或其个性的交流，所以相互之间以社会性分人相待也无妨。便利店因店员的待客用语过于程式化而经常遭到批判，但在这种时候，日本确实存在厌恶逐一以分人待之的倾向。

客人买个饭团或乌龙茶便足够了，并不会要求对方像对待十几年来经常光顾商店街海鲜店的老顾客那样接待自己。如果对方要求以超出必要的分人相待，日本人会觉得你是个不正常的人。

社会性分人的地域差别

社会性分人因出生、成长的国家或地区不同而相异。也就是说，我们并非处于完全无色透明的未分化状态，从懂事之前开始，我们就已经形成了适应环境的分人。

在日本长大，还是在非洲的战火中长大，决定了一个人看事物或接受事物的方式存在根本不同。因生意关系要在中国逗留的人，就必须了解中国人通常的思维方式。所谓的"入乡随俗"可以这样理解，即从适应那片土地的社会性分人开始，其后便可顺利地实现分人化。

当然，有的人不能顺利转化为社会性分人，

在日本非常孤独，可是一到海外生活，却突然生龙活虎起来。刚才我举了一个便利店店员的例子，也有人厌恶日本人的这一倾向，即虽然频繁遇到对方，关系渐渐密切起来，但仍想要停留在社会性分人的层面上。

当然，同是在日本长大，东京、大阪、九州的情况也各不相同。我常年生活在北九州，上了大学才移居到京都，要想适应关西这片土地，还需要一段时间。没必要变成关西人，也不可能变成关西人，只是想要进入这个圈子就必须迎合关西人的规则和步调。

九州也一样，在九州人自己看来非常正常的交谈，外地人看着却像吵架。

相反，在外地人云集的东京，没有染上特定的地域色彩，就需要更为广泛适用的一般化社会性分人，为此也给人留下了缺乏人情味儿、冷漠的印象吧。

以社会性分人交往的范围较广。日常生活

中，如在便利店买东西、乘坐公共交通工具，等等，以此种分人就足以应对的领域相当广泛。

虽然社会性分人的交往比较浅，但如果没有这一层面的分人，交往也很难深入到下一个阶段。换言之，他们就像干细胞一样，担负着分化成多种组织细胞的职责。

与他人交往时，如果越过以社会性分人接触的阶段，一开始就全面敞开心扉，会让对方感到困惑。因为分人化本应在相互作用中发生，如果这样的话，会给对方以被迫接受你的个性，不得不迎合你的感觉。

当然也有初次见面就意气相投、一见如故的情况。但那不过是例外而已。

社会性分人从"普遍适用"这一意义出发，可以称之为普通人。这并不是平凡的意思，而是指已经做好了向更为具体的分人去分化的准备状态。

面向团体的分人 第二阶段

社会性分人的下一个阶段就是面向特定团体（群体）的分人。

在一对一的会面中，社会性分人有可能迅速向适应对方的分人发展，但往往不能一下子就进入这一状态。一般来说，人际关系都是经由组织或团体来拓宽的。这时就需要面向学校、公司或社团等团体的分人。

这种情况下，团体指的并不单纯是公司或学校等公共归属机关。年轻女孩子们在涩谷使用女生用语聊天，在2ch①等网络匿名留言板上流传着独特的用语，这就是分人向团体分化的表现。

我的职业是作家，经常跟许多编辑打交道。面对初次合作的编辑，我会以社会性分人相待。

---

① 域名2channel的缩写，大型日本网络论坛，成立于1999年，2017年更名为5channel，简称5ch。

遇到工作上的具体交际，我会以"面对所有编辑的分人"相待。我并没有刻意地切换状态，只是事后回想起来，发现面对编辑时，我大致都会采取这样的态度。与从事其他职业的人、朋友，或是家人接触时，我便不是这样。

这一分人是我在长期与众多编辑反复交往的过程中培养出来的，他们也是以对待所有作家时的分人来对待我吧。

学校有学校的风气，公司也有公司的风气，每个行业和职业都有自己独特的风气。

长年在一个领域活动的人适应了那里的环境，着装习惯、言谈举止、聊天内容等无一不透着那里共通的风气。把社会性分人限定到更为狭窄的范畴就是面向团体的分人。

面向特定对象的分人　第三阶段

经过"社会性分人"和"面向团体的分人"

后，最终产生的就是"面向特定对象的分人"。

其实，并不是所有人际关系都能达到这一阶段。能否达到这一阶段，不仅要看运气，还要看性情。

以我为例，我以面对所有编辑的分人展开工作，止步于此的人际关系多得数不清。约稿、交稿都是通过邮件，一次见面的机会都没有，双方也就不会再分化出适应对方的分人。

然而，遇到长篇连载的时候，打交道的次数便多了起来，渐渐了解了对方的行事习惯和节奏，更为具体的分人便应运而生，交流也得以向更深层次发展。

当然了，即使双方所在的领域截然不同，也有向更深层次发展的可能。

那是我和法国著名糕点师对谈时的事。我们最初都试图以社会性分人跟对方打招呼，就在我们形成了同为创作者这一团体性分人后，以我们都感兴趣的谷崎润一郎的《阴翳礼赞》为话题契机，我们开始向更为适合对方的分人迈进。这也就是所谓的"意气相投"的状态。到达这个程度用去了三十多分钟。

像这样面对面实现分人化的情况，既有短时间就成功的，也有无论怎样都不成功的。

例如，有的人虽然与我多次碰面，但只是最小限度地谈论工作相关的话题，对于二人将来关系的发展，我们都无法迈出一步（不愿迈出一步）。这个人无意定制面向我的分人，我也一样。分人化就此失败。

事实上，只到社会性分人和面向团体的分人就完结的例子数不胜数。

我读大学时，两年时间里几乎每天都要去公寓附近的便利店。在那经常见到一位打工的店员，他是跟我年龄相仿的大学生，我跟他一次都没有正儿八经地交谈过就搬走了。要是当时我们能在共同的朋友组织的聚会上不期而遇，说不定我们会产生面向对方的分人。

相反，我住在巴黎时，也经常去公寓附近阿拉伯人经营的一家小店，但每次去我们都要聊上几句，一年后我回国时，对方还遗憾地与我惜别。我与他之间产生的分人自那以后便一去不复返了。

如此看来，社会性分人能否进一步面向特定对象调整，与交往时间的长短不一定成正比。

八面玲珑为何让人恼火

一方面，我们拥有以社会性分人或面向团体的分人就足以维持的人际关系，一方面也有让自己心怀好感与敬意的人，希望自己的个性得到他们认可，并且与他们交往下去。我不希望他们像对待大多数中的一个那样对待我。例如，就像老师对待学生那样。

当然，在《3 年 B 组金八老师》这类校园剧

中，主角"好老师"面对每一个学生都会灵活地
生成一个分人。

面对坏学生，就变成能与这个学生充分交流
的分人。面对好学生，又以不同的分人对待。因
此，深得学生信赖。

可另一方面，"坏老师"无论面对哪个学生，
都以教师这一职业分人对待，并且不断强化这一
形象。仅仅停留在面向学生这一团体性分人之
上。平等对待每个学生并不意味着以同一副面孔
对待他们，而是要一视同仁地尊重他们的个性，
形成适应他们的分人。

当然，这里所说的分人化也是在双方相互作
用下产生的。并不是老师单方面迎合学生，而是
必须通过反复交流摸索出双方最能以诚相待的
人格。

如果我们在我们尊敬的人身上发现了专为我
们自己定制的人格，一定会很开心。他们以与对
待他人不同的方式对待我们，这让我们颇为

感动。

机器人与人类最大的区别——如今看来——就在于无法分化出分人这一点上。如果出现了能根据交流对象来改变性格的机器人，我们也许会觉得他们更接近人类了吧。

．　．　．　．

我在前言中提到过，经常有人质疑，"分人"这种想法就是劝大家八面玲珑吧。但是，恰恰相反。

我们为什么不喜欢八面玲珑的人呢？例如，在宴会上，刚才还尽说些我爱听的话的人，转眼又拉住其他人说好听的话。看到这种情形，我们会感到不快，"那家伙，怎么回事？真是个八面玲珑的家伙"。但是，刚跟自己聊过天的人，转而又跟其他人聊天，仅仅是这样的举动并不会让我们恼火。有时还会感叹，他居然能跟那么偏激的人畅快地聊天。二者的差别在哪里呢？

八面玲珑的人并不是能巧妙地进行分人化的

人。他们无论面对谁，都不把对方放在眼里，觉得以一贯的恭维、迎合的态度就可以搞定，并不想为对方分化出分人。尽管他分化出了适应宴会这一场合的分人，但却无视眼前每个人的个性。因此，被一概而论的我们不会信任八面玲珑的人，"原来不光是我，对谁他都是那个态度啊！"

分人化是在与对方相互作用中自然而然产生的现象。跟打心底里讨厌的人在一起，自己也会变得讨厌自己。有时还会变成"人见人厌"的人。

一厢情愿行不通

分人化的进度因人而异。看不清这一点，分人化也会失败。

A 与 B 在一起，A 很快分化出面向 B 的分人，可 B 并没有很快形成面向 A 的分人。这样一来，A 看着 B 不免有些着急，B 不免觉得 A 让人厌烦。

　　例如，假如你是个高中生，班里有一个你喜欢的女生。在她面前，你已经变成了与面对其他人时完全不同的人。可是她仍然以面向同学的分人（面向团体的分人）对待你。你与她有可能成为恋人，但步调未必一致。

　　因为既有开朗活泼，无论面向谁都能迅速分人化的人，也有困惑不已，不知道该怎样形成分人的人。但是，出人意料的是，有时往往是花费时间较长、不紧不慢地完成分人化的后者，能长久交往下去。

　　被对方强迫生成的分人，有可能会产生歪曲的形象。或者，也有可能表现出拒绝分人化的反应。一厢情愿行不通。

　　让我深有体会的是一次聚会上发生的事。

　　六个人围桌而坐，其中一个男人，虽然是初次见面，却从一开始就一口气说了四十分钟！他是某个领域的专家，我在这里就不详细叙述了。起初因涉及我不了解的世界，所以我兴致盎然地侧耳倾听。我也喜欢聊天，更喜欢听有意思的话题。

但是，没有给其余五人任何插嘴的间隙，只顾自己喋喋不休的"独角戏"渐渐令人厌烦起来。从中途开始，内容都变成了自夸之言。

我终于忍受不了了，跟对面的人搭起话来。剩下的时间里，我跟这位唱独角戏的男人一句话都没有说，只跟对面的人聊天。旁边的人，还有旁边的旁边的人，都加入了我们的话题。大家（除他之外？）的感受是一样的。

这种挫败感究竟是怎么回事呢？

聚会从各自的社会性分人开始。因为是比较高档的饭店，所以大家都表现出与这一场合相称的分人。如果是在嘈杂的饭店聚会，我也不会是那样的自己吧。

随后，参加者通过相互交往，开始面向个人

的分人化。可是，对方却喋喋不休，我们都被迫成了听众。

你也想说，我也想说。那么以什么样的交谈方式，什么样的节奏交谈，才能使谈话愉快进行呢？尚处于摸索阶段时，如果对方的个性受到强行压制，那么将会引起强烈的拒绝反应。

面对对方，自己以什么样的分人相待呢？虽然受到了对方的影响，可自己不主动，也不会被对方接受。因为我就是这样的人，所以你必须遵从——这样的要求。这就是暴力。

我对"独角戏男人"感到厌烦。但是，不知不觉中形成的一味听他神侃的自己的分人变得更加令人厌烦，于是我丢弃了面向他时产生的分人，期待面向对面的人形成分人。现在，我与这个人仍是朋友，而之后再没有见过"独角戏男人"。

我经常听人说，面对对方喋喋不休的人很痛苦，这究竟是怎么回事呢？在此我将尝试用分人的概念对这一问题进行分析。

不擅长交流的人，容易在缺乏吸引对方的谈话技巧上寻求原因。那么，我们试着从双方分人化失败这一角度来思考，结论会怎样呢？

为了双方能愉快地推进分人化，必须弄清楚对方是什么样的人。交流不顺畅的人，在其社会性分人这一入口处或许就表现出了某种违和感，从这一阶段开始就过于在意要发挥自己的个性，以个人喜好的进度推进分人化。这样一来，对方就会摆开架势，加以排斥。

例如，对方是某个领域的狂热爱好者。如果他像前面提到的"独角戏男人"那样喋喋不休的话，被迫听他讲话的人将不堪忍受。在双方还没有顺利展开分人化的阶段，就急着要发挥个性，是不会被对方顺利接受的吧。

重要的是，双方的内部首先要具备柔软的社会性分人。

就像干裂的黏土一样，摆出一副"我就是

我"的顽固的样子，没有丝毫要为对方衍生出新的分人的迹象，和这样的人很难亲近起来。反之亦然，你若是态度生硬，对方也会茫然不知所措。要想关系密切起来，就要相互为对方着想，按需要合理定制自己。

分人的数量与大小

通过以上过程，分人一个个应运而生。不用说，这只是一种模式，若有跳过面向团体的分人的情况则另当别论。

我们小时候，只有面向父母和兄弟姐妹的分人，随着年龄增长，我们的交友越来越广泛，相应地，分人的数量也会越来越多。结果就是，我们作为多种多样分人的集合体而存在着。

如果我们对待任何人都想始终如一，那只能做个只会点头哈腰、没个性、左右逢迎的人，就是八面玲珑的人。但是，要是我们能在对人关系中鼓起勇气进行分人化，那么我们就有可能在有限的人生中实现复数的精彩的自己。

那么，一个人的内部有多少个分人呢？

严密地思考的话，无论于公于私，我们交往的人有多少，我们就拥有多少分人。但是，应该没有人对手机通讯录里存储的每一个人都精细地分出一个分人吧。拿我来说，面对仅有一两次因工作接触的编辑，我几乎都以相同的人格对待。

我们的生活注定是一天二十四小时，一年三百六十五天，我们的交际范围也只能在这有限的时间中拓展。

在这一相同条件下，分人的数量因人而异，千差万别。分人的数量恐怕要由拥有多少分人会让自己身心愉悦来决定。

以我为例来看的话，不说朋友的数量，只说自己的分人的数量。从我们应付得了的分人的数量来看，我似乎并不需要那么多朋友。

跟那些通过工作相识，并且超出了工作范围

而变得关系亲密的人在一起，非常开心。所以自己的内部存在着面向他们的重要的分人。但是，面向高中时代的朋友的分人，只是几年活跃一次的程度，因此我觉得没必要每天更新。实际交往的人的数量也会结合能够容下的分人的数量，自然地进行调整。因此，一个人同时存在的分人的数量，应该是有上限的。

那么，每个分人的大小又是由什么来决定的呢？

随着交流不断反复，分人也将更新到最新状态。面向几年来长久保持交往的人的分人，必然会在这个人的内部占很大比率。另一方面，也存在这样的情况，即便是只见过一面的人，当时产生的分人有时也会作为决定性的分人留存下来。

持续数年的分人（面向父母与配偶的分人等）；在现如今的生活中，二十四小时占绝大部分的分人（面向工作伙伴的分人等），自己应该会感觉到这些分人在自己内部占有很大比率。

当然，这些分人的大小并不是不变的，他们会随着自己牵涉的人际关系的变化自然而然地变化。

个性即分人的构成比率

设定了比个人更小的分人这一单位后，以与迄今为止不同的方式来理解个性也成为了可能。

与谁交往、怎样交往，将促使你内部的分人构成比率发生变化，其总量就是你的个性。现在的你与十年前的你不同，是因为你交往的人发生了变化，读的书、居住的环境发生了变化，分人的比率也发生了变化。十年前面向当时的恋人占很大比率的这一分人，因分手如今已经枯萎了，而面向性格完全不同的现在的恋人的这一分人却逐渐放大了。这样一来，你自己的性格、个性也应该有所变化。个性并非与生俱来、一成不变。

请看下面的例子。

小学时的朋友一上中学就变成了不良少年。到现在你都困惑，跟我关系那么好的朋友怎么突然变得那么粗暴？既不是你做得不好，也不是对方讨厌与你交往，可就是交流不畅。

如果用以往的"真正的自己/虚伪的自己"这一模式来解释的话，结果就变成了这样："那小子虽然小学时很老实，但其实是禀性如此恶劣的人。"这样想的话，未免有些令人遗憾。事实上，这种思考方式本身是错误的。

那么，用分人的模式来思考的话，会得出怎样的结论呢？

变成不良少年的朋友与不良少年同伴在一起的分人不断膨胀。他内部与学校老师、朋友在一起的分人则受到压迫，陷入了功能不全的状态。即便这一分人有可能发挥作用，可在老师面前，与不良少年同伴在一起的分人仍发挥着一惯性，因此面向老师和朋友的分人受到了抑制。

无论面对谁，他都以和不良少年同伴在一起

的分人来对待，因此，他在学校的交流越来越不顺利。结局就是形成恶性循环——受到孤立，与不良少年同伴在一起度过的时间增多，这一分人受到强化。

作为立足点的分人

要想挣脱这一恶性循环，必须改变分人的构成比率。坦率地说，就是改变交往对象。因为，所谓个性就是由分人的构成比率决定的。

要说初中时有点堕落，事实上并不是什么大不了的事情，问题是当事人开始想要改变交往对象时，往往是在陷入困境时。

十多年前，大平光代的书《所以，你也要活下去》（《だから、あなたも生きぬいて》讲谈社，2000 年）①畅销的时候，我也怀着吃惊的心

---

① 《所以，你也要活下去》，日本女性大平光代的自传作品。国内译本为《活下去》，宋再新译，山东文艺出版社，2000 年。

情读了这本书。回顾她的前半生，中学时遭同学欺负，走上"行为不端"之路，十六岁与暴力团头目结婚，二十二岁离婚，变身为大阪·北新地的女招待，最终在再次相遇的父亲的好友的规劝下，发誓重新做人，刻苦学习通过了司法考试，成为了一名律师。

人们经常说与人的相遇会改变人生，换句话说就是，自己拥有的分人中，什么样的分人占比最大。因为大平光代和后来成为其养父这一父亲的好友在一起的分人占比最大，所以其他分人相对变小。本书中将以这种方式来理解她那传奇的转变。

在分人这一模式中，不存在"真正的自己"这一中心，但有时存在占比很大的分人。占比很大的分人在高中时代有可能是社团活动的顾问，进入公司后有可能是上司。我们会以作为立足点的重要分人为一时的中心，调整其他分人的构成比率。

自己应该与谁度过更长时间？应该以与谁在一起时的分人为现在的自己的基础？

如果你想要与怀有好感的人、自己尊敬的人顺利交往，就必然促使自己产生这样的分人。这个分人就是你变化的突破口。

作为风险对冲的分人主义

正如把基于个人这一单位的思想称为"个人主义"那样，以分人为单位的思想也可以命名为"分人主义"吧。

这一思想的好处在于，肯定了变化。

一直以来，我们都认为人的内部存在核心个性，坦率地彰显这一个性而生存，就是诚实的生存方式。假设几年前曾跟某人交往，觉得自己非常了解这个人的本性，形成了不可分割的个人与个人的关系模式。然后发现这个人以完全不同的面孔对待除自己以外的人，就有一种被背叛的感觉。那家伙把自己的性格隐藏得好深呀?! 那难道是那家伙背后的面目吗?!

但是,我们不是神。我们不可能了解与自己亲近的人为了在各种场合与各种人达成交流而拥有的所有面孔。个人"不可分"原本是因为基督教认为神是唯一的而产生的。为了真心面对唯一的全知全能的神,个人也必须唯一。

但是,人际关系多种多样。要求对方对你不能有丝毫隐瞒,要求对方的一切都要呈现在你面前,这无疑是傲慢的。这与要成为对方的神别无二致。

我们了解的只有对方面向我们的分人。这一分人出现时,对方的其他分人将会隐藏起来。不可分的、完整的个人出现在我们面前是不可能的。这是理所当然的,我们必须这样认为。

我们之所以揶揄"上高中后变了个人""上大学后变了个人"的现象,是因为我们认为我们所了解的真正的他,不应该是那样的,认为他是趁身边没有熟悉他过去的人而撒谎。但是，环境发生变化，分人的构成比率也必然发生变化。也就是说，个性也会发生变化。过去暴力团的熟人又怎么能说当上律师的大平女士——"那不是她的真面目"呢？

不仅应该肯定经年累月的变化，同样应该肯定每一天生活中的变化。如果用分人化现象来思考我在巴黎语言学校的经历的话，理解起来就非常简单了。

在学校受欺负的人，没必要认为自己本质上就是受欺负的人。这终归是与施暴者之间的人际关系问题。如果放学后在足球队训练，在自家与父母在一起时，觉得自己可以变得开朗、快乐，那么就应该以这一分人为立足点，思考自己的生存之路。

就像对宝贵的资产进行分散投资、对冲风险一样，我们应该把自己这个人，看成是复数的分人同时推进的项目。即便讨厌在学校的分人，如果对放学后的分人还算满意的话，就应该以放学后的自己为立足点。认为这样是多重人格、表里不一，并加以谴责的，一定是那些浅薄的人，他们根本不了解把在学校受欺负的自己延伸到放学后这类人的痛苦。学校的自己和放学后的自己是可以区分的不同的分人，仅凭这一点就会让他们轻松起来吧。邮寄骚扰信件的人是阴险之辈，至少他们企图将想要形成在家里与家人在一起的分人的人，强行拉回到在学校受欺负的那一分人。

如果有遭受欺负和虐待历史的人被不可分的"真正的自己"这一想法所左右，那么每当他要与谁发展新的关系时，都会被再次拉回到从前的体验中。总是想着，这个人会不会对我施暴呢？自己就是没人爱的人吧？

但是，新结识的人绝不会与过去结识的人相同。与他们在一起，一定会实现全新的分人化。而且，应该对遭受虐待、欺负的自己区别对待，那不过是与那个人在一起时的分人。不应该把自己的本质规制为没人爱的人。如果新的分人在自己内部不断膨胀，自己开始有自信了，就可以以此为立足点，重新面对过去的分人。

"人格是唯一的""真正的自己只有一个"这些想法会置人于毫无意义的痛苦中。

独处时的我是谁？

如前所述，在生存过程中，自己拥有复数的分人，这一点应该得到肯定。而且，思考分人的构成比率就是在思考自己的"个性"。前面我举了受欺负、受虐待的例子，即使是这种情况，如果认为在学校受欺负的自己是"虚伪的自己"，而把放学后生龙活虎的自己看成是"真正的自己"，就不正确了。受欺负时的自己并不是在演戏，或戴上了假面，这也是一个不容否定的分人。但是，要不要重视这一扭曲的、迫不得已的分人，完全由本人决定。给自己内部的分人做价值排序是可能的。

人的身体的确是不可分的 individual。但是，人本身是可以分成复数的分人 dividual 的。你根据不同的交往对象，在这个集合体中以各种各样的分人生存着。因身份认同和交流问题而烦恼的人，姑且先这样梳理一下情况。

但是，这样思考的话，我们会遇到一个问题。

在房间里独自思考问题时的自己又是谁呢？如果分人是在对人关系中产生的，那么独自一人时的自己不就是"真正的自己"了吗？

我自己一直在思考这个问题。结论就是，并不是这样。

例如，假如你在学校是个怪人，受到同学的排挤。回到家，一个人回想今天发生的事情，不免烦恼，自己是与他人不同的奇怪的人。然而，碰巧你家附近住着一位比你还要奇怪的艺术家，于是你去跟他探讨这件事，却得到了一番鼓励。

"这是什么话，不怪的人有什么价值。正因为与众不同才优秀呢。"

独自回到房间后，你鼓起了勇气，开始想："是吗？原来与众不同也不是什么坏事呀。"

此时，从学校回来的你和从艺术家家里回来的你，还是同一个你吗？据我的理解，从学校回来的你依然是在学校时的分人，因自己的个性而烦恼着，而从艺术家家里回来的你是面向艺术家的分人，开始积极地重新思考自己的个性。

我们坚信，独自一人时一直是始终如一的自己在思考问题。但其实是各种各样的分人在轮番思考着。这种情况下也不能捏造自己的存在是无色透明、不受任何人影响的。动画片里经常出现脑海中的天使与恶魔在斗争、在大脑里开会的场面，其实我们就是这样，通过各种各样的分人沉浸于思考之中。

我的存在并不是孤零零的孤独的存在，总是存在于与他者的相互作用中。或者可以说，只能存在于与他者的相互作用中。

　　不需要他者的"真正的自己"的这种想法，是隔离人与人之间关系的藩篱。如果相信存在"真正的自己"，那么为了以"真正的自己"活下去，最好尽可能切断与他人的联系。但是，正如《最后的变身》的主人公那样，做了如此尝试之后，他深切地体会到"真正的自己"只是一个幻想。

　　关于这一点，我们先来了解一下。

第3章　重新审视自己与他人的关系

半数烦恼都是他人之过

采用了分人这一单位后，究竟会发生什么变化呢？

我觉得最大的变化就是对他人的看法。

自己作为分人的集合体存在着。这些分人都是与他者相遇的产物，与他者交流的结果。他者若不存在，我的复数的分人就不存在，也就是说，现在的我这个人也不会存在。照镜子不可能任意变成各种各样的自己。因为镜子里的反应绝不会超出你的预想。

分人中既有积极的分人，也有消极的分人。如果有可能，我们只想以积极的分人活着。然而，现实生活中人际关系纷繁复杂，这一愿望很难实现。虽然不情愿，但也无法避免拥有令人不太愉快的分人。

以令人厌恶的自己活着，最终会陷入自我厌恶的状态。跟那个人在一起时，为什么会如此焦虑呢？怎么会说出那么过分的话呢？一参加那个聚会就突然胆怯起来，想说的话也说不出来了。

但是，只要分人是通过与他者的相互作用产生的，那么产生消极的分人就有对方一半的责任。

听起来感觉有点不负责任，但是反之亦然，产生积极的分人也有对方一半的功劳。这样想来，也会对对方萌生出感谢之意和谦虚之心吧。我们经常说，人不可能一个人活着，这不仅意味着非常之时能够得到帮助，也意味着我们人格的形成一半要归功于他者。

导入分人的视点后，自我分析成为可能，既不会过度自卑，也不会过度傲慢。同时，也能自然而然地承认他者的存在。

毫无杂质、纯洁无瑕的自己是不存在的。

他人也是分人的集合体

意识到了自己是在对他者关系中产生的分人的集合体，接下来自然会认识到，他者同样是面向各种各样的人的分人的集合体，这一认识非常重要。

与你接触的对方的分人因你的存在而产生。

如果对方因与你在一起的分人而感到幸福，你便可以自信地认为自己有一半功劳，如果不幸，你也要想到或许自己有一半责任。你看到高中时代的朋友在大学里变得开朗活泼，像换了个人似的，如果你有工夫揶揄他，"那不是他的真面目！"难道就不应该反省一下你们对待他的方式吗？为什么他的高中生活没能以那样的方式度过呢？

同样，即使有令人讨厌的人在场，也必须把问题限定在那是"与你在一起的分人"的范畴来考量。

　　例如，你与工作单位的 A 是好朋友，无缘无故地讨厌 B。突然有一天 A 对你说："B 真是个好人，跟他在一起很开心。"你也许会说："不可能！B 就是个贱骨头、渣男，你不要再跟那种人交往了！"

　　前面我已再三强调过，个人主义是以个人为单位来探讨人类的方法。与此相对，分人主义则是以分人为单位来探讨人类的方法。像上面这种情况，你说面向你的 B 的分人的坏话也无所谓。但如果这样说的话，"他这个人，跟我交往并不顺利，竟然在我面前做那么过分的事"，你的这番见解对 A 来说或许是个参考。但是，你并不了解与 A 在一起时的 B 的分人的样子。因此，不能对他的分人进行批评。

　　这不是个抽象的讨论。我们的交友情况，因

SNS 的出现而完全可视化了。亲眼目睹自己喜欢的人与自己厌恶的人亲密交往的机会，比从前要多得多。但是，如果每次你都要一一叮嘱，"要想做我的朋友，就不要跟那种人交往"，回过头来你会发现，被孤立的恰恰是你自己。

当然，比如说，当你知道与好友关系很好的人是恐怖分子时，善意的提醒也是友谊的体现吧。但是，如果你非要表达个人喜好的话，也最好先做好思想准备，"B 虽然在自己面前糟糕透顶，但跟 A 却很合得来"。正是有了"人是可分的"这一构想，才有可能这样思考。而且，无论你多不舒服，也不能批判与 A 建立了良好关系的 B 的分人是假面，是虚伪的。这也是复数的 B 这个人真正的样子。

我自己也上 Facebook 和 Twitter，也经常看到我喜欢的人和我讨厌的人亲密交往的样子。起初非常不舒服，后来渐渐改变了想法，毕竟不存在全方面被厌恶的人吧。于是我开始重新思考，我讨厌的人为什么对我是那样的态度？然后也有了可以理解他的地方，但要说就此喜欢上他则另当别论……

人选择与谁亲密交往完全是他的自由。我们能置喙、影响的也只能是对方面对我们时的分人。当然，对方面向我的分人，就面向他人的分人来跟我探讨时，一定会尽我所能。但是，关于其他的交际范围，应避免口无遮拦。

交流要简单化

说话时顾及对方如何接受是理所应当的。

由于谈话的氛围、相互的立场、议论的进展等各种原因，当时或许会赞同，但事后无法释然的经历，任何人都有吧。但是，如果你是"不可分的个人"，那么你就会成为"接受这一想法的人"。

另一方面，当对方过于天真，对你言听计从

时，说话的人也许会感到不安吧，给这个人的人生带来这么大的影响合适吗？我们不免困惑，自己说出的话就这样眼睁睁地印刻在了那个人的自我上面。

语言具有在某方面剥夺对方人生自由的暴力性。但是，说话方如果过于在意这种暴力性，谈每件事时都遮遮掩掩，让对方不要过于认真对待，交流将会陷入无谓的烦琐，让对方不知所措。

假如有人说："千万别上大学这种无聊的地方！"有人鉴于当时的氛围对此表示赞同，或者老老实实地相信了这番话而没上大学，结果后来无以糊口，然后去找那个人抱怨。说此番话的人感到责任重大，说要照顾对方，一定不被理睬吧。或者说："我确实说过这样的话，但如何判断应该是你自己的责任吧。"之后一定是两种结果，要么不说过激的话；要么即使说也会提前规避责任——"你可不要信以为真呀。"

但交流要尽可能简单。双方不绕圈子，直言不讳较为理想。

语言的暴力性，若仅限定在"不可分的个人"这一层面来思考的话，无论如何都无法消除。因为你所说的每一句话都直接影响着对方的全人格。

但是，导入分人这一单位来思考的话，你的谈话对象就只有对方"面向你的分人"。而且，你的言辞暴露在对方"面向其他各种各样人的分人"面前。从你与对方的关系出发，你心怀恶意地想要让对方相信一件事，可对方可以通过面向其他朋友的分人和面向父母的分人来反复斟酌你的话。

"刚才跟那个人在一起时，觉得他说的话有道理，可是跟父母谈过后，总觉得他的话很奇怪。"

骗人的人认为是一对一，很容易从心理上瓦解对方。但是，如果骗子能想到，自己的言辞总是向对方复数的分人开放的，存在从不同角度解读的可能性，则应该会有所收敛吧。

反过来，你心怀善意向对方倾诉时，对方也不会以"不可分的个人"独自对你的言辞进行判断，同样拥有通过面向他人的分人反复斟酌的机会。

以此为前提，我们便不必因自己的言辞限定了对方的本质而担心了，也可以毫无顾虑地说出当时的感受和想法了。

假设你的言辞成为最终改变对方人生的因素，那也是通过各种各样的分人，从各个角度探讨、认同的结果。或者可以认为，只有与你在一起的分人受到了你言辞的影响吧。

因为分人比个人的单位小，所以乍看起来好像交流更加复杂化了。但实际上，由于个人这一概念太笼统，反倒使交流时需要顾虑更多，交流也变得更复杂。

重要的是分人的均衡性

人总有性情是否相投的问题。这个世界上不存在与所有人都能相处融洽的人。我刚才还提到了我讨厌的人。

当然，最好能不跟讨厌的人见面，但多数情况下不可能。例如单位上司、客户负责人等，日常生活中有许多无法避开的与自己性情不和的人。

我有一个朋友在公司长期受上司的职权骚扰。据他所说，明显是上司不对，但因为公司很小，通过人事调动很难解决这一问题。他虽然现在很健康，但每次见到他都让我担心不已。

于是我跟他讲了分人的问题。最好区别对待与公司上司在一起的分人和与妻子、朋友在一起的分人。虽然与上司之间产生了不幸的分人，但从自己的身份认同——自己的个性考虑，最好不要让这一分人占太大比率，而应该重视与妻子、朋友在一起时的分人。公司保持原样不变的话，必然还要与其他人接触，如果认为自己是"不可分的个人"，那么交往起来也不会愉快吧。

问题当然不会因我的这番分析而一下子得到解决。但是，导入分人这一视点后，就能够重新审视现状了。与他情况相同，因职场人际关系烦恼的另一个熟人，因人事变动离开了令他讨厌的上司，这一分人不再发挥作用，他精神得像变了个人似的。

最近我听说了一种"新型抑郁症"病例，病人因身体不适长期向公司请假，同事和上司便去看望他，可本人却活蹦乱跳地跟朋友去喝酒了，就是这一类症状之一。

放在以前，一定单纯地被认为是装病，其实是本人对收入感到不安，又不想让公司开除自己，就假装生病。不管怎样都不愿去公司。但只要朋友邀请，立刻变得身轻如燕、精力充足。

我既不是精神科医生，也不是健康顾问，听了这件事我想到的是，从前以个人为单位发病的抑郁症患者，如今不也在以分人为单位发病吗？

当我们背负着不幸的分人时，会萌生一种重新来过的愿望。但是，往往在这个时候，我们必须深刻认识到，想要消除、想要终止生命的只是我们复数的分人中那一个不幸的分人。如果错误地想要消除个人本身、终止其生命，将造成不可挽回的后果。关于这个问题，我在《在费康》这部小说中，以"自我"和"自我形象"的差异这一形式进行了分析。

在最新长篇小说《填补空白》中，我再次提及这一主题。分人一旦生成，便无法轻易删除。如果断绝关系，这一分人便不再更新，以这一分人生活的时间也会与日递减。如此一来，相对于其他分人，这一分人的比重应该逐渐降低。

重要的是要时常审视自己的分人在整体上的均衡性。任何时候我们的内部都存在复数的分人，如果其中一个分人状况不佳，可以考虑以其他分人为立足点。"这个不行，还有另一个"，这样想就会觉得没关系的。过一段时间，等内心有余裕了，再来考虑如何处理状况不佳的分人的问题也不迟。

人生是高风险、高收益的，也有人觉得只有一个人格听天由命也不错吧！如果这样能顺利活着的话，也没什么问题。因为运气好，姑且听之任之。但是，我们今天所直面的社会的复杂问题，是无法光凭运气来解决的。至少对于正在烦恼的人，我们不应该给出"祝你好运"这样的建议。

通过分人可视化

如上所述，导入分人这一单位最有效的就是，可以分析迄今为止以个人这一单位无法解决的过于庞杂的问题。

为了证实这一点，在此，让我们来看一看，如何从分人的观点来解释第一章中我提到的我的人生经历。

　　我举了新老朋友同席时所产生的困惑为例。这究竟是什么情况，相信大家已经明白了。面向高中朋友的分人和面向大学朋友的分人试图同时出现，情况变得混乱起来。如果对方事先了解分人这一概念，他们就不会对我高中和大学时期拥有不同的人格而产生任何疑问，也不会觉得人格转换所引起的混乱是什么大惊小怪的事了。

　　回想这件事时，我又想起了一件事。

　　我是小学生时还觉得无所谓，可是一上中学就突然特别讨厌母亲来观看运动会。不光是我一个人，同学们几乎都这么说。

　　我既不愿意被朋友看到和父母说话时的样子，也不愿意让父母看到我与同学在骑马战中打得不可开交的样子。

　　我一直以为，这只是进入青春期开始想要离

开父母的行为。但我觉得这个问题从分人这一角度着眼来思考的话，更具有说服力。我还是不喜欢把面对父母的分人和面对朋友的分人混杂在一起吧。面对朋友想要最大限度地分人化，可是被父母不知从何处盯着看的感觉却阻碍了这一行为。并不是因为到了年龄，开始无缘无故地对父母感到反感。只是出于回家后不想听到父母说"看到了你在家里没见过的表情"这样一种心情。

在巴黎语言学校产生的"消沉的我"和"开朗的我"，也可以作为两个分人来进行说明。无论哪一方，我都没有故意进行角色选择。其实存在两个分人，一个是语言学校班级里的分人，一个是跟日本朋友在一起的分人。二者都是"真正的自己"。

分人生成的过程是无法逐一有意图地控制的。我在语言学校无论多么努力，都无法达到放学后的那种快活程度吧。

分人必然是在与他者的相互作用下形成的。至今我仍认为，我那个在语言学校消沉的分人，一半是那些阴暗的瑞士人造成的。他们并不是什么坏人。相反，如果在完全不同的场合，以不同的形式碰面的话，我们相互之间或许会有截然不同的分人。

　　一换了班级，我便有了活力，虽然还在同一所学校，但教室里与我在一起的人不同了，我竟发生了这么大的变化。改变环境虽然是件简单的事情，却发挥了特效药的功效。

　　从字面上看"外出探求自我"，感觉非常荒唐，但事实上这或许是对分人化机制的敏锐直觉在发挥作用。因为，旅行——从分人主义解释的话，就是通过新的环境、新的旅程来达到创造新的分人的目的。现在自己分人的序列中还有所欠缺，没有真正充实的分人。因此，对由这些分人总体构成的自己的个性感到不满意。……

　　实际上，有的人从海外生活的分人中发现了

意想不到的存在感，还在当地就职，当了协调专员。能够以构成比率较为理想的分人活着，是一件值得祝福的事情。

闭锁的环境是痛苦的根源

闭门不出的人有阻断对他人的关系、消灭"想要消除的分人"的一面。正如我后面将要谈到的那样，事实上出家就是为了抹消社会性分人，只以宗教性分人活着的必要手段。

但是，一旦闭门不出，就阻断了与新的他人相遇的途径，失去了更新现有的面向他人的分人的机会。于是只能以过去的分人活着，"转变"变得更加困难。

被置于闭塞的环境中，无论是谁都会感到痛苦。虽然这种感觉大家都了解，但我在《决坏》之后发表的《曙光号》这部描绘未来的长篇小说中试图深入思考的是其原因。

《曙光号》以二〇三〇年的载人火星探测为主题。在这部小说的取材过程中,我了解到一个事实,人类到达火星再返回来需要两年半到三年的时间,这样的事情真能实现吗?这是我最初的怀疑。

当时 NASA[①] 计划飞船成员为六人。在长达两年半的时间里,他们将被封闭在狭小的宇宙飞船或火星基地里,毫无隐私可言。火星探测之旅与航海不同,透不过气来的时候也不能到外面呼吸新鲜空气。一旦发生不测,等待的只有死亡。就算是相处融洽的伙伴,一旦有了精神压力,也将面临严峻的考验。因此,此次任务最大的不稳定因素并不是宇宙飞船的技术,而是船员们的精神状态。

为什么这样的闭塞环境对人很残酷呢?据我推测,大概是因为船员们被剥夺了分人多样化的机会吧?

---

① NASA,美国航空航天局的英文缩写。

在日常生活中，我们正是因为以复数的分人的形式活着，才保持了精神平衡。即使在公司的分人状况不好，与家人在一起的分人状况良好的话，也能减轻压力。反之，无论多么喜欢孩子，成天在家里与孩子为伴（＝仅以与孩子在一起的分人活着），也会想外出与朋友聚餐，换换心情吧。理解专职主妇育儿的辛苦，有必要关注她们分人的构成比率。

载人火星探测的船员们，在长达两年半的时间里，将处于只能以职场分人生存的状态。他们必须作为唯有一张面孔的"个人"活着。而那个时代的地球，人与人之间的交流将因为网络而变得更加活跃，分人化也将不断加深。二者间的鲜明对照，让我觉得很有意思。

二〇一〇年，智利矿山发生了三十三名矿工被困矿井的塌方事件。几个月后，被困矿工才被救出。这期间矿井里的矿工得以与家人通话，这为减轻他们的精神压力做出了巨大贡献。这样的方式不仅顾及到了他们与被困矿工之间的分人，还顾及到了他们与家人的分人。如果与外部的这种联络不能得保证的话，矿井里的情况或许惨不忍睹吧。

人在仅有一次的人生中都想尽可能活出色彩纷呈的自己，都想通过对他人关系来体味富于变化的自己。总是被监禁在同一个自己中，会产生巨大的精神压力。时而移情于小说或电影的主人公，时而扮演动漫里的角色，这种"变身愿望"可以理解为向虚构世界转化的分人的愿望。

抑制分人化的力量

那么，把我们统合为唯一的自我、唯一的"个人"的力量是什么呢？

例如，专制的政治权力一定认为，一个可分为分人的集合体比一个不可分的个人更难统治。纳粹德国需要的是发誓效忠于国家的唯一的个人，秘密警察时刻监视着人们的分人化。请大家回想一下这一事实，"个人"不可分这一观点原本基于基督教的一神论，在第二次世界大战这样的全面战争中动员国民时，一旦一个人的内部与家人的分人或沉迷于女色的分人大于对国家尽忠的分人，就会很难管理吧。

历史上，出于宗教、政治原因，为阻止人们通过书籍实现分人化，进行过多次禁书、焚书运动。

现代社会中，最典型的想要将一个人所拥有的复数分人统合为"个人"的例子，就是遍布全国各地的监控摄像网。

在《曙光号》中，我描写了一项叫作"散影"的网上服务。这一服务就是通过与设置在全国各地的监控摄像头联网，利用脸部识别功能对任意一个人进行检索。例如，持有我的证件照的人，就可以在庞大的监控摄像记录中搜索出我的影像。

正如《无颜的裸体们》的一章中叙述的那样，我们虽然拥有多个分人，但脸只有一张。因此，只要着眼于这张脸，分散的分人就会被统合起来。实际上，这一技术已经应用于罪犯追踪方面。不久前，奥姆真理教的逃犯被相继检举出来，这不仅是搜查员分头辨识各地监控摄像头影像的原因，还是他们运用脸部识别系统检索的结果。就连那些早就以非奥姆真理教信徒分人为中心开始生活的逃犯，也纷纷落网了。

在《曙光号》的世界中，与"散影"同时流行的还有一项叫作"可塑性整形"的技术。现代整形手术不过是把一张脸变成另外一张更美、更帅的脸，而这个可塑性整形技术则通过植入特殊物质，让一个人拥有多张脸（每个分人一张脸）。

使用"散影"技术的不光有国家权力机关，还有普通人。因为人们想知道自己的朋友都拥有什么样的分人。可另一方面，人们又都拥有不想让他人了解的分人。

恐怕就是一种循环往复、永无休止的关系。如果放任不管，人会在每一种对他关系中产生不同的分人。但是，作为其反作用力，试图将分人统合为"个人"这一整数单位的力量也会发挥作用。现实中，我们就是在这两个层面之间循环往复地生存着吧。

分人化的抑制并不完全是被迫进行的。

例如，因信仰基督教入了修道院，或因信奉佛教而出家，就是为了切断社会关系，抛弃那些与神同在或专注于佛法修行的分人以外的分人。

进入女子修道院的妙龄少女，若是私下在外面有了恋人，那么与"他"在一起的分人必然会膨胀，而虔诚地面对神的分人就会受到压迫。因此，必须切断与外部的关系。出了家的佛教徒，怀念过去与家人或恋人的关系，这类烦恼明显表明，他们很难从自己内部抹去与家人或恋人在一起时的分人。

此外，关于斯德哥尔摩综合征这一不可思议的现象，或许也可以从分人的角度来理解。

被银行强盗袭击，抓去当人质的人，本应该憎恨罪犯、厌恶他们，希望能尽早得到解救。可是，长时间与罪犯在一起的过程中，为什么有时会与罪犯产生共鸣，并开始协助他们呢？这就是基于实际发生的事件，被称为"斯德哥尔摩综合征"的一种精神状态。从中可以看出，这种情况下，在闭锁的环境中与罪犯在一起的分人急剧膨胀，而与家人和朋友在一起的日常性分人遭到压制。不仅如此，有时还会发生这样的情况，因为还没有分化出面向冲进来劝说的警察的分人，所以会不相信他们说的话。总的来说，这些都是在非常特殊的情况下产生的一种扭曲的分人。

分人主义育儿论

一个人是各种分人的集合体，这一理论在探讨孩子成长问题方面也非常重要。

一个人，在其成长过程中交流最多的基本上是父母，或是等同于父母的存在的人。

一个人出生后，发生分人化的对象就是父母。从懂事前，也就是开始有变换角色，或是戴上假面的意识之前，就已经开始根据不同的人际关系表现出不同的人格了。例如，母亲抱着听话、安静的孩子，一被托付给不熟悉的保姆就持续几个小时哭个不停。如果用心理学名词"人格面具"来解释这一现象的话，就太荒唐了。父母毕竟是父母，去保育园接孩子时看到自己的孩子呈现出与面对保育员时完全不同的笑脸，会由衷地感到高兴。看到这样的情景，悲观于"孩子变成双重人格了"或"啊，这么小的孩子就表现出人的表里不一了"的人就不会存在了吧。

人在长大成人之前，很长时间都要以面向父母的分人为基础拓展人际关系。父母的存在无疑非常重要。常言道"孩子是父母的镜子"，这句话也可以从孩子与父母在一起的分人这一角度来理解。小时候受父母虐待的人，会一直承受着这一分人。

与父母在一起的分人产生后，面向兄弟姐妹、亲戚、附近邻居的分人也会相继产生，进了保育园，上了幼儿园、小学后，还会形成面向朋友和老师的分人。上了幼儿园后，孩子突然开始说一些不知从哪儿学来的脏话，这就是他与朋友在一起的分人开始正常分化的证据。

对于孩子的生长环境，终归要考虑的就是，对于孩子来说，怎样的分人结构才是理想的。周围都是教养良好、天资聪颖的人也不一定是好事。因为社会本身是由更为复杂的、形形色色的人构成的。

例如，互联网上也存在颂扬希特勒的网站，要是天真地沉迷于其思想的分人不断膨胀，甚至压制了其他分人的话，问题就严重了。实际上，欧美发生开枪乱射事件时，人们每每都要指责是这些网站的影响。

总之，分人化会实际发生。展示给父母的面孔和在学校展示给老师的面孔，还有与朋友在一起时的面孔各不相同，以前我们对此总是持否定态度。正因为如此，当你用对待朋友的方式跟老师说话时，就会遭到批评——简直是胡言乱语。

但是，在父母面前、老师面前、小朋友们面前呈现出不同的面孔，正是孩子以自己的方式摸索该如何与不同的人进行交流的结果。绝不应该否定。

如果要对此加以责难的话，孩子又将被迫探寻毫无意义的"真正的自己"，必然会轻视现实的人际关系，认为那是虚伪的、表面的东西。

喜欢上自己的方法

比起喜欢上别人来说，说不定更难的是喜欢上自己。因为太了解自己了。只要不是太过自恋的人，大概都不会全面肯定自己吧。

我在小说中初次使用"分人"这一概念，如前所述，是在《曙光号》中。其实在上一部作品《决坏》中，我已经较为深入地探讨了这一概念。《决坏》的主人公因不相信什么"真正的自己"，而备受空虚感的折磨。

他经常这样说：

"自己，还是世界——如果能爱上其中一方的话，人就能活下去。而那时，我对任何一方都失去了爱。"

即使厌恶世上的一切，对社会感到绝望，但如果能喜欢自己，也能活下去。反之，即便不喜欢自己，但对社会很满意，或许也能活下去。问题在于，二者都无法容忍。

劝说那些对自己持否定态度的人——要爱自己、珍惜自己，恐怕也没什么意义吧？厌恶是一种不合理的情感。即使告诉他要学会"爱"，他也不会言听计从。

但是，请大家不要再茫然地把自己这个人作为一个整体来思考，试着用分人这一单位来思考自己吧。

如果厌恶自己，不妨对自己的分人逐一进行分析。

"与 A 见面时的自己开朗活泼，还能随口说出有趣的玩笑，并非一无是处。"

"与 B 在一起时的自己总是很严肃，不过倒也感觉很充实。"

"与 C 在一起时的自己，肩膀僵硬，差强人意。"

"与 D 在一起时，……"

喜欢自己的全部，人们总是说不出这样的

话。但总能意想不到地说出，喜欢与某某在一起时的自己（分人）吧？反之，也能说出"不喜欢跟某某在一起时的自己"。如此看来，只要有一两个自己喜欢的分人，就可以此为立足点活下去。

这样的人也可以不是当今还活着的人。例如，我并不讨厌读波特莱尔的诗或是森鸥外的小说时的自己。感觉自己不仅能够深刻地思考人生，受他们优美词句的引导，自己还走向了更为广阔的世界。此处就是得以肯定自己的入口。

分人在与他者的相互作用下形成。自恋让人觉得不舒服，是因为自恋的人认为他者一个都不需要，一味地陶醉于自己。如此一来，就会觉得"嘿，周围嘛，随便应付应付就好"。但是，"喜欢与某人在一起时的分人"则不同，这一想法必然要经由他者。为了实现爱自己，他者的存在必不可少，反之亦然，这正是分人主义实现自我肯定的最重要的一点。

　每个人可拥有的分人数量是有限的。即使在学校感到孤独，也没必要讨好所有同学。是认为"我只有三个朋友"，还是认为"我喜欢的分人有三个呢"，完全看你自己的想法。反过来看，你有十几、二十几个朋友，面对所有朋友都要生成一个合适的分人，也很辛苦吧。

　喜欢的分人如果像这样一个一个地增多，我们就能以相应的份额来肯定自己。即便存在想要否定的自己，也没必要用杀死自己整体的这一方式来消灭想要否定的自己了。

第4章 爱·死

"恋爱"就是"恋与爱"

以上我们用"分人"这一单位探讨了自己，探讨了他人。那么两者相爱的"恋爱"又如何呢？

"恋爱"的定义中虽然掺杂了每个人的特殊情感，但基本印象是"你爱对方，对方也爱你"这种双向的情感吧。如果是单方面的，就是所谓的"单相思"了。

诚然，这样理解也没什么不对。但是，我在此想要指出的是，前一章的末尾也提到的另一个箭头的动向。

首先，为了推进话题，我们先把"恋爱"分

成"恋"与"爱"两部分。

所谓"恋",就是一时燃起的,无论如何想跟对方在一起的冲动情感。虽然它左右着人们的行为,驱使人们脱离日常,但没有持续性。与欧洲概念范畴内的"情爱(eros)"相对应。

另一方面,"爱"是注重关系持续性的概念。虽然没有激情燃烧的感觉,却有着日复一日持续下去的牢固联系。在此,姑且用"挚爱(agape)"这一概念与"情爱"相对应。

虽然叫作"恋爱",但"恋"的层面与"爱"的层面截然不同。

大多数情况下,恋爱都是从"恋"开始,向"爱"深化。用在动物身上,指的是准确的"求爱行动"。但是,很难说哪一个更有价值。义无反顾去恋爱的人或许会期盼能与对方永远在一起过着爱意绵绵的日子。然而,一旦进入关系持续稳定的爱的状态,又开始想要体验激情四射的恋情了。人类的恋爱情感或许就像跷跷板一样,不断重复着一方抬高、一方落下的过程。

古往今来，"恋爱小说"中描写的绝大多数是"恋"。从《罗密欧与朱丽叶》到当下的电视剧，相互爱恋的男女因重重阻隔而无法结合的故事不断重复着。因为这样设定的话，能让剧中人物的行为富有激情，而且把二人喜结连理的"爱"的状态设定为终点，也比较容易把握故事情节的展开。

另一方面，要是描写"爱"的话，故事就要以平稳的日常关系为中心，这样很难设定情节的起伏，也不容易描写出激情澎湃的场面。相对容易理解的情况是，故事以极其特殊的状态推进，或是以爱的终结、幻灭为结尾。

例如，年轻时的达斯汀·霍夫曼主演的《毕业生》这部电影，就是以恋情结束、爱情开始，二人该何去何从，这一暗藏不安的情景作为结尾的。

与"个人"一词相同，"恋爱"这一日语词汇也是进入明治时代后从欧洲输入的"love"这一新概念的对译词，最初很难理解。从各种各样的文章也可以看出，一个人与一个人相互爱慕的形式——恋爱，是人生中的一件大事，这一观点对当时的日本人而言，无论如何都无法理解。

在小说《一月物语》中，我描写了这样一个主人公，他在"社会"对"个人"这一思想的影响下参加了自由民权运动，受挫后试图在"恋爱 (love)"中寻求自我救赎，并为此倾注了满腔热情。这是我从明治时期浪漫主义诗人北村透谷那里得到的灵感，他把"恋爱"升华为"思想"，让同时代人震惊不已。

这一课题过于庞大，是本书所无法解决的，我推荐感兴趣的读者读一读谷崎润一郎的《恋爱与色情》，这篇随笔虽然很短，但非常有意思。

三岛和谷崎的"恋"与"爱"

日本文学史上，比起"爱"，更重视"恋"的是三岛由纪夫。《丰饶之海》的第一卷《春之雪》就是一个没有结果的关于"恋"的故事。他在随笔《爱国心》中明确指出："'爱'一词不是日语，很可能源于基督教。作为日语，'恋'已经足够了，表达日本人情感最好的词是'恋'，而不是'爱'。"

三岛界定的"恋"与"爱"的区别，与我的定义稍有不同。他认为"爱"是观念上的，博爱主义范式下的"无限定、无条件"的情感，而"恋"是情绪上的，"只有在限定性、个别性、具体性的范畴内，才能找到理想状态与普遍性的特殊情感"。一言以蔽之，"恋"是一种偏爱。

三岛所说的"恋"，事实上正是明治时代的日本人历尽千辛万苦才得以理解的西洋近代特有的"恋爱"。不管怎样，他从感情是否跌宕起伏这一点来区分"恋"与"爱"，这点与我的定义一致。《英灵之声》虽然不是恋爱小说，但在这部小说中，他再三陈述"恋"不是二·二六事件[①]中将校们表现出的对天皇的"爱"，而是"激烈的恋情"。这一点给我留下了深刻的印象。

另一方面，比起"恋"更重视"爱"的不多见的作家是谷崎润一郎。

即便是《痴人之爱》这样的作品，主人公与直美开始亲近的时候，也就是相当于"恋"的部分，也只是轻描淡写。对后来延续的关系，也就是"爱"的部分，反倒描写得颇为详细。只不过促使"爱"延续的是"性欲"，而且是有点特殊的"性欲"。

谷崎在我前面提到的随笔中也有叙述，他认为男女之间的"恋"几乎都是"色情"，也就是

---

① 二·二六事件，1936年2月26日发生在日本东京的一次政变。日本陆军中的"皇道派"青年军官对当时政府与军队中"统制派"的高级领导进行刺杀，最终政变失败。

性欲，而"爱"则处于其延长线上。不过，我所说的"恋"的含义，却是像《恋母记》《少将滋干之母》那样对于母性的"恋"。

但是，或许是因为后来个人生活中与妻子的关系问题，加上他自身年龄的因素，才会让谷崎认为维系男女之间关系的只有"性欲"吧。他在写出《痴人之爱》数年后创作的《食蓼虫》《卍》等作品，描写的都是尽管因性生活不和谐，妻子有外遇，却仍然维持着夫妻关系的男女。这未必是三岛所说的观念上的关系。

两位作家特质的显著区别就在于对"恋爱"的认识方式上。

爱，怎样才能持续？

我自身重新思考"恋爱"这一问题是在执笔《徒有形式的爱》这篇小说时。这篇小说以因交通事故失去一条腿的女演员和接受委托为她设计假肢的设计师之间的"恋爱"为主题。大致情节就是，设计师想要为她制作一条比她失去的腿更加"美丽的假肢"，在探讨其形态的过程中，两人也在探寻着他们之间的爱的形式。

在《曙光号》的最后创作阶段，我遇到了分人主义与恋爱的问题，当时就想在下一部作品中再来深刻探讨一下这一主题。重新思考"恋爱"与"恋爱小说"的问题是我的一个课题。

喜欢上某个人，就是"恋"。当你开始突然在意身边某个人时，一定想"这就是恋爱吧"，不会想"这就是爱吧"，也就是梦想着"能相爱就好了"的阶段。

fall in love 译为"坠入情网（恋に落ちる）"，而不是"坠入爱河（愛に落ちる）"。恋爱是不可避免的，只要有相遇，恋爱绝不是难事。那是自己无法控制的、肆意滋生的情感，纵然对方是不应该喜欢的人，你依然坠入了情网，这就是"恋"。

但是，一旦由此进入关系稳定的"爱"的阶段，就没那么简单了。

杂志上的恋爱咨询专栏上经常给出的解决办法就是尝试延长恋爱状态，或是用什么能保持新鲜感的方式延续恋爱关系。例如，自己要韬光养晦，防止退步，还要不断向对方表达自己有多爱对方。恋人或妻子剪了头发时，要主动给予评价，"变漂亮了（剪得很帅）"。千万别忘了纪念日。不要不好意思，一定要说"我爱你"之类的话，等等。

自己多么爱对方，相应地，对方也会多么爱自己。也就是说，这些方法都是以双方付出均衡为理想状态的。其中不乏"无偿的爱"，也就是不求丝毫回报，独自默默付出的爱。但是不管怎样，箭头的方向都是从自己指向对方，再由对方指向自己。

但是，我觉得这样的情况若是在恋爱阶段还好，若想让这样的关系持续数年，双方都会很辛苦吧。

　　爱，不仅限于"恋爱"，亲子爱、兄弟爱、师徒爱、乡土爱……形式多种多样。这些感情都与短时间内燃起的"恋"的性质不同，都期待持续性。

　　无论是哪种形式的爱，我们与爱着的人在一起度过的时间总是快乐的。进一步说，只要在一起，不管对方感觉如何，自己总是乐在其中。内心平静。如在梦中。充满了静谧的喜悦。故而，所谓的可持续性关系，并不是双方互相献身，而是因对方的存在，自己的内心感到了某种特别的愉悦。

分人主义的恋爱观

　　让我们整理一下思路。

　　迄今为止的恋爱观认为，恋爱是一对一的个人之间的恋与爱。但是从分人的角度来看，就会产生以下想法。

所谓爱，指的是"喜欢与某人在一起时的自己的分人"的状态。如前一章最后部分所述，就是经由他者的自我肯定的状态。

为什么人会希望跟某个人长相厮守，却不太想见其他人呢？是因为喜欢或是厌恶对方吗？或许有这样的因素，但实际上，喜欢或是厌恶与那个人在一起时的自己（＝分人），才是主要因素。

假设你是个男性，身边有两个女性。与其中一人聊天，你总感觉欠缺点什么，对方的话也不大有趣，稍不留神便会陷入沉默，笑容也显得那么僵硬。而与另一个人在一起时，却聊得很开心，对方也能理解你的玩笑，对方的笑脸更是给了你自信。最终，你竟然忘了时间，差点错过末班电车。

那么，你愿意再跟哪一位约会呢？不用说，一定是后者。与前一位女性在一起时的你的分人无精打采，是一个虽然活着却毫无生趣的分人，而与后者在一起的分人却精神百倍、开心快乐。如果单单以前一个分人活着，你恐怕要陷入自我厌恶的境地了，但后一个分人让你拥有了肯定自己的感情，用英语来说就是"enjoy myself①"的状态。

你因为后一位女性的存在而爱自己。或许你会觉得，最终还得经由别人来实现爱自己呀，但这样又有什么可落寞的呢？

反过来看，假设这次你和另一个男人同时喜欢上了一个女人。

你想被她选中。或许是经过多方努力终于奏效了吧，她选择了你而不是你的对手。虽然问对方原因可能会有点无趣，但假设你还是问她为什么喜欢的不是那家伙，而是我。如果当时她回答如下，你会怎样呢？

"跟你在一起时，总是笑容不断，能变成自己非常喜欢的自己（＝分人）。跟他在一起就不能这

---

① enjoy myself,意为使自己愉悦。

样。特别想在今后的人生里尽可能以这个自己喜欢的自己活下去。因此，你要是不能在我身边的话，我就不知该如何是好了。"

如果这番话是对我所说的，我觉得比单纯地听到"因为喜欢你"更开心。也就是说，对方因你的存在而喜欢上了自己。多么美好的事情，你对于对方来说是非常重要的存在这一点也有了真实感。如果与你分手，她便不能活出"喜欢的自己"。正因为这样才想跟你保持关系。

所谓爱，就是对方的存在让你爱上了你自己。同时，因为你的存在，对方也爱上了他（她）自己。因为喜欢与这个人在一起时的分人，所以想更多地以这一分人活下去。在交流中，这样的分人产生并日复一日地更新下去。正因为如此，对于双方来说，互相都是不可替代的存在，才会更加爱对方，感谢对方。

双方即使不持续地相互示爱，相互的存在本身已成为两人一直在一起的必然条件。

这一定义也可广泛用于前面提到的普遍意义上的爱。在父母面前的分人、在孩子面前的分人、在师长面前的分人、在故乡时的分人等等——如果以这些分人生活的你很愉快，就意味着你爱父母、爱孩子、爱师长、爱故乡。

当你不知道自己是否真正喜欢现在的交往对象时，就应该反过来这样思考一下。你是否喜欢与这个人在一起时的自己呢？这样的话，自然而然就有答案了吧。

能否同时爱上多个人呢？

前面已经讲过，过去在思考"个人"这一单位时，因为对应的是独一无二的神，所以"个人"必须是不可分的、没有丝毫隐情的存在。而近代西洋恋爱观又是以这样的"个人"为单位的，因此相互之间必然认为对方具有独一无二的神一般的特质。这就是诸多恋爱小说里的苦恼的

141

本源。明治时期的日本人之所以无法理解"恋爱"是非常崇高的、绝对的情感，也是出于这一背景的原因。

即使在现代，也有人检查恋人的手机，宣告事无巨细绝对不允许有所隐瞒。这样的人是想成为对方的神。因为自己和盘托出，就应该彼此彼此，这样就是要把对方也变成神。这是一对神之间的恋爱。

但是，人能了解的仅有对方与自己在一起时的分人，与他人在一起时的分人会隐藏起来，不可能全都了解，这是分人主义的基本思考方式。基督教徒之所以升级为无所不告白之人，是因为他们认为神对他们的行踪、言行无所不知。但是，只要不使用 GPS① 或窃听器时时刻刻对人的行踪进行监视，这样的事是无法办到的。

我在前面曾经说过，"恋"与"爱"的关系就

① GPS，全球定位系统的英文缩写。起始于 1958 年美国军方的一个项目，1964 年投入使用。

像跷跷板。即便与某人深爱的时候，也可能与别人坠入情网。这就是所谓的见异思迁、婚外恋情。恋爱忠实于个人之间一对一的关系这一原则，贸然把"恋"断定为"爱"，与现在的丈夫或妻子分手，再婚后才发现这并不是爱，不过是恋而已，然后才认识到很难再维系持续性的关系。发现没有像自己预想的那样喜欢与这个人在一起时的分人。对方只不过是使自己一时坠入情网的人，还是应该延续与前女友、前妻的爱——一副事后诸葛亮的样子。

我反复强调，人是分人的集合体，重要的是分人的构成比率。这种情况下，人很可能拥有恋爱的分人和与某人相爱的分人等多个分人。这就是婚外恋、见异思迁决不会消失的最有力证据。文学正是在不厌其烦、永不停歇地描写着本应是个人的主人公因拥有多个恋爱分人而产生的矛盾与纠葛。

当不从作为单位的价值中立的"分人"来思

考，而是把"分人主义"当作一种思想来思考时，人们的判断就会出现较大的分歧，其实就是这个问题。也就是说，拥有多个恋爱分人的人可否认为他们是相爱呢？能否容忍自己的伴侣还有另一个伴侣呢？

这种事怎么能做到呢？很快就会有人感到愤慨吧。首先，第一原因就是嫉妒心。例如，森鸥外的代表作《雁》就描写了在纳妾并不稀奇的时代依然存在嫉妒心的情况。

我在《曙光号》《徒有形式的爱》中也探讨了这一问题，小说中的人物内心也一直残存着想不通的问题。例如《曙光号》中主人公的妻子发出了明确的疑问——人只能以分人的形式相爱吗？

"终究还是不能以一个完整的人全身心地相爱吗？"

对于这一疑问，最终我也只能略显保守地草草收笔。

然而如前所述，《食蓼虫》《卍》，还有《雁》

都是描写这类情况的作品，更早的还有像《源氏物语》那样，把尽情玩味与多个女性同时恋爱视为优雅的时代。光源氏就切实拥有多个既钟情于恋情、又忠实于爱情的分人。

二十世纪的哲学家萨特与波伏娃就是这种"许可同时进行"的关系。关于二人流传着这样一段有名的逸事，萨特曾对波伏娃说："我们二人之间的爱是必然的，但我们是作家，难道不应该经历一些偶然的爱吗？"所谓"偶然的爱"，指的就是恋爱。

这种情况下重要的是，与其他人谈恋爱并不是不爱现在的伴侣。在个人对个人的恋爱中，对方喜欢上别人就意味着不再爱自己。但是，如果我们认为每一个分人都是"真正的自己"的话，同时进行就成为了可能。

关于这一点，必然会分成绝对无法理解和可以理解两类人，也一定会有人虽然心理上可以理解，但生理上无法容忍吧。即便是对分人主义持肯定态度，也会有结了婚生了孩子后，乐于以与孩子在一起的分人活着，不想再以恋爱的分人活着的人吧。

分人与嫉妒心

我们再稍稍思考一下嫉妒心的问题。

成为夫妻或恋人之间嫉妒对象的并不光是新的恋爱对象。既有对家人或朋友产生的嫉妒心，也有并非针对人，而是对工作或兴趣产生嫉妒心的情况。

这一问题与对方的分人中"面向自己的分人"占多大比重相关。与面向自己的分人相比，面向同性好友的分人看上去显然更加生机勃勃。工作时的分人和专心于兴趣时的分人也得到了格外重视。这种时候，不满与嫉妒心便与日俱增。

"我和工作，哪个更重要"这一质问，表面上看是在对毫无可比性的事物进行比较，是愚蠢的想法。但是，问题换作"哪个分人更重要"的话，意义就不同了。

人一天仅有二十四小时，一年仅有三百六十五天的时间。而且，无论多么健康的人都不可能拥有无穷无尽的精力。财力同样也是有限度的。这些宝贵的东西要消耗在哪个分人身上呢？是自己，还是兴趣，抑或是工作？——这样思考的话，"我和工作，哪个更重要"这一问题就未必不合情理了。

工作分人膨胀，恋爱分人相对缩小的人，平时总是埋头于工作，到了休息日就想好好休息。而工作不太忙，与恋人的分人占较大比率的人，会希望至少休息日能以面向自己的分人度过。于是，对方开始郁闷，难道跟我在一起的分人对于他来说不重要吗？这就是引起不和的火种。从这一意义来看，伴侣是能将类似的分人保持均衡的人或许更加理想。但是，如果双方工作的分人都过于充实，面向对方的分人就会萎缩，就会变成演艺圈的人离婚时经常谈到的状态——"因工作繁忙而产生嫌隙"。

但是，出于这一原因就要求恋人的爱好与自己完全相同的人，也非常不可理喻。喜欢钓鱼的丈夫硬是想让连碰都不愿意碰一下活鱼的妻子钓鱼，简直是无稽之谈。妻子不愿意去钓鱼也没关系，让面对钓友的分人来满足欲求岂不更好？相应地，妻子也可以活在沉迷于韩国明星的分人里。

有的人除了"面向自己的分人"以外，完全没有其他分人，与这样的人交往也比较痛苦。说到底还是分人的构成比率的问题。

单相思与跟踪狂

恋爱关系中，如果自己拥有的"面向对方的分人"与对方拥有的"面向自己的分人"大小不尽相同的话，交往往往不顺利。

所谓单相思就是相互的分人比率明显不对称的状态。自己喜欢对方的分人在不断膨胀，压垮了其他分人，时时刻刻想着对方，可对方无论何时都以社会性分人对待自己。或者，面向其他人的分人比率要大得多。约对方见面，对方声称太忙而拒绝，却去跟别人约会，当自己得知这一切后，会因遭受打击而久久不能平复吧。也就是说，对于这个人来说，与别人在一起的分人更重要——这就是单相思之苦的真面目。

跟踪狂是单相思中比较极端的例子。对方内部面向自己的分人并不占重要位置，遇到这种情况，一般人可能仅仅会感到焦虑，或是痛苦。但与此相反，跟踪狂对此绝不能容忍，想方设法扩大对方面向自己的分人，不惜使用极端手段。

跟踪狂大致分为两种。一种是一厢情愿喜欢上了在某个地方偶然相识的对象，并纠缠不休的类型。另一种是想要与从前的交往对象重修旧好而纠缠不休的类型。通过报道可知以下这类情况多见于后者，跟踪狂不仅会使用打无声电话这样的卑鄙手段，还会犯下刺杀对方的凶残罪案。

企图杀害从前的恋人的跟踪狂的心理究竟是怎样的呢？当得知面向自己的分人已经与过去不同，对自己只有厌恶感时，跟踪狂是想除掉对方这样的分人呢，还是无法忍受从前的恋人渐渐被面向别人的分人所占据呢？他们的心理并不完全一样。

那么，始终如一且怀有爱慕之情的单纯的人与跟踪狂哪里不同呢？

或许"感觉"哪里存在难以言表的不同，但是，在坚信自己感情的强度，相信爱对方的表白能够打动对方的心这一点上是相通的。实际上就是忠实于个人与个人之间互相表达爱这一模式。

但是，从分人主义对爱的理解来看，因对方的存在而产生了自己喜欢的自己，这一点非常重要。像跟踪狂那样，强行要求对方面向自己分人化，被强迫的一方一定感到不快，而这样做的一方恐怕也得不到满足。二者达到的效果完全不同。

失去爱人时的悲伤

失恋的痛苦在于，面向对方的分人无限膨胀后却不能再活在这一分人里。在他面前，我总是能那么开心。只有这一分人才能无拘无束地展示自己，任性地放纵自己。可是更新这一分人的机会已经不存在了。不仅如此，这一分人无法立即消失，还将保留一段时间。在自己的构成中占有相当大比率的这一分人，如今已经没有了发挥作用的机会。

面向已经分手的恋人的分人，随着时间的流逝，或因遇到新人（分人化）而一点一点变小。特别是在新的恋情又催生出了生活愉快的分人的情况下，以往那个分人会迅速作废性地萎缩。

比失恋更沉痛的失去就是深爱的人先你而去。

所谓分人，只要他者不存在就不会产生，也不会维持下去。分人通过与对方的不断交流持续更新，保持鲜度。也就是说，分人虽然"活着"，但一旦对方死去，从自己眼前消失，分人也将无法再更新。

深爱的人已经不存在了，的确让人痛心。同时，不能以面向深爱的人的分人活着，也很令人悲伤。

讣告传来的悲伤总是会晚些时候袭来。

实际上，接到某人的死讯后，瞬间就流出眼泪的人并不多吧。有时虽然深受打击，但不会立即产生现实感。

但是，一段时间后，心底的寂寞之情便油然而生。当你无意间想起故人，想着"真想跟那个人说说话"的时候，才会深切感受到他的离去，自己最爱的自己，也就是与故人在一起时的分人，已经无法存在了。

这一分人只能活在回忆中了。已经不会因现在还活着的人的那些意想不到的言行而更新了。这就是深爱的人死去时的悲伤。

心理学上把接受爱人死去的事实的过程叫作"哀悼工作（mourning work）"[①]，指的就是慢慢地终止面向故人的分人活跃机能的过程吧。

谈到已故之人时

"要是那个人还活着，现在一定会这么说吧"，人们对于已故之人的这番言论常不绝于耳。长期以来，我对此深感排斥。

为什么能说出这样的话呢？这种随意的执念难道不是对死者的暴力吗？难道不是趁着对方无法反驳，把自己的想法强加于人吗？在《在费

[①] 哀悼工作，指自己爱的亲人或孩子死亡后，自己在心理上接受这一事实的过程。该心理学现象最初由奥地利心理学家弗洛伊德在1917年的论文《哀悼与忧郁症》中提出。

康》这部小说中，我结合早逝的父亲的经历探讨了这一问题。《填补空白》这部小说也是从跟我自身境遇相似的主人公思考这一问题的情景开始的。

常说"死人不会开口说话"，死者的内心只能一味地被他者言说。"要倾听死者的声音"，人们总爱煞有介事地加上这么一句，但细想起来，这不就是活着的人的片面想象吗？

让我重新认识这一想法的契机是与大江健三郎先生的对谈。在大江先生《被偷换的孩子》这部作品的序章，主人公长江古义人用起名为"田龟"的旧盒式录音机的耳机，听着已自杀的多年老友吾良的声音，沉浸于二人的对话中。我很在意这一情景，就坦率地问了他我上面提到的疑问。当时大江先生是这样回答的：

像我这般年纪遭受朋友之死后，会通过

154

写文章不断地将死去的朋友带入自己的内心深处。也可以说，我自己深入到了死去的朋友这一他者的内部。这位死者和我自己的关系反倒暧昧起来。感觉把对方带入了非常主观的关系中。

（《今后四十年的文学想象》，收于《Dia-logue》①）

老实说，我当时并不太明白"带入""进入"这样的表述。还像以往一样，认为这不过是活着的人的凭空想象而已。如果对方是其他人，我或许当时会这么说吧。但是，他是我一直以来爱读的小说的作者，我还是决定以自己的方式，思考一下他在我面前说的这番话。

或许有点前后矛盾，但是另一方面，我又觉得自己似乎能明白大江先生所要表达的意思。听

---

① 《Dialogue》，平野启一郎对谈集，原名《ディアローグ》，讲谈社，2007 年。

人们谈论故人时我突然发现，有的人有资格谈论，有的人没资格谈论。此人谈到故人时仿佛他们关系很密切，其实对故人一点都不了解。但另一方面，有的人说的话却具有让你感同身受的说服力——原来如此，故人如果现在还活着的话，或许会像这个人说的那样思考、行事吧。这一差别又是怎么回事呢？"非常主观的关系"中又具有某种客观性，就是这样一种感觉。

语言，远在我们各自出生之前就已经存在，在我们死后很久还将继续存在。我们不过是在有生的几十年当中暂时借用它们来表达自己。跟谁借呢？——必然是跟他者。书籍也好，面对面的谈话也好。总之，我们绝不可能独自一人掌握语言。再学习一门外语，自然而然会明白这个道理。

于是，我想，"要是那个人还活着……"这一表达绝不可能凭一己之力想象出来，并付诸语言。要是没有与故人交流所受到的影响，这种想象应该不会自己涌现出来……

现在，我就可以用分人的概念来解释源自《被偷换的孩子》和大江先生所说的话的思考了。

假如你和故人多年来关系密切，那么他去世后，与他在一起的分人在你的内部还没有彻底消逝。这一分人的感知、思考方式必然还受着故人的影响。故人的口头禅、思考方式感染着你。也就是说，你所说的语言一半是你自己的，一半仍然是故人的。由此才会有"非常主观的关系"却伴有客观性的余地。

而没有谈论资格的人，因为与故人之间不存在充分的分人，所以其言谈也是来自于其与故人关系之外的关系。

留存于遗属身上的分人鲜活地残存着已故之人的影响。完全独创的自己的语言，原本就是不存在的。

分人的人格就是与对方交流的过程中产生的

一种模式。说出这样的话，对方会作何反应，某种程度上，分人是有预知的。做出意料之外的反应可谓是好的意义上的背叛，体现着活着的人的可贵之处，但分人就是会在一定程度上知道对方的反应。

对于和所爱的人拥有较大比率分人的人来说，或许有资格这样说——"要是那个人还活着……"至少我死之后，这样谈论我会让我感到高兴的人，我确实能想到几个。

死后依然活着的分人

此处围绕分人与死的探讨，是我在执笔《填补空白》的过程中所做的思考。

任何人都会对死亡感到不安和恐惧。我也会很害怕。所以人们一直想象着"那个世界"，梦想着死后能以某种形式继续存在。

从分人的角度来看的话，一个人即使死了，

他周围的人内部产生的面向他的分人依然会存在。同样，你死后，朋友面向你的分人依然会存在下去，不会从你的朋友内部的分人中被剥离出来。然后你的朋友会说："那个人要是还活着，此时一定会说……"此后，你的这位朋友与某人相遇，关系亲密起来时逐渐产生面向此人的分人，这时面向你的分人就会对新的分人的形成方式产生影响。

随着年龄的增长，不管情愿与否，人都要背负着面向死者的分人。所谓的灵魂上一直与那个世界的朋友联系着，事实上就是时不时尝试以面向这位已故之人的分人活着的结果。对着佛坛跟故人说话，或在墓前上香的时候，我们会感觉那个令人怀念的分人又复活了。

你死后，通过他者的分人继续存在于这个世界上。至少会留存一段时间。即便我们没有宗教信仰，细细品味这一事实，心中对于死亡的不安也会多少得到些许安慰吧。

即使直接认识生前的你的人全都死了，也会存在通过各种各样的记录促使其重新面向你而生成分人的人吧。

宗教教祖、历史上的伟人、已故作家、已故音乐家，等等，我们拥有着面向素未谋面的他们的分人。与面对活着的人不同，我们不能直接对死者产生影响。但是，如果能因我们的新发现、新解读让死者的形象得以刷新，那么今后面对他的人们的分人化的状况也会发生改变。

带着恶名死去的人，死后也可能让面对他的人产生不愉快的分人。但是，若是有人为他洗刷了污名，那么后来再面对这一死者的人的分人一定截然不同。

为什么不能杀人

一个人的死意味着这个人所承载的所有分人的死。那是长久以来通过与各种各样的人接触而产生的分人，是现在实实在在拥有的分人。而且，这个人还具有今后遇见更多人并进行分人化的可能性。

杀人，必然要剥夺被害者的生命，还意味着将要剥夺被害者的所有分人。假如你的挚友被什么人杀死了，就意味着你所给予影响的、面向你产生的这个人的分人也被杀死了。

杀一个人就意味着破坏了这个人与周边，甚至是与周边的周边无限相连的分人之间的联系。在你的内部也一定存在因对方被杀而被剥夺了更新机会的分人吧。这将对决定你这个人个性的分人构成比率产生极大的影响。

没有他者的存在，人不可能产生新的自己。一个人的死意味着无数人丧失了将来自我改变或成长的机会，意味着丧失了分化出自己喜欢的分人的可能性。杀人者，无论他的其他分人多么善良，其面向被害者的分人都要接受惩罚。即使左邻右舍认为他"平时是个普通人"，法律上也会认为他犯了杀人罪的分人是他内部的核心分人。他的家人和朋友也会被看成是拥有面向杀人犯的分人的人。

从分人的视角来看"不能杀人的原因"就有如此之多。绝不是只拘泥于被害者个人、加害者的个人问题。现实当中，杀人者因为杀了一个人而造成了如此复杂且规模庞大的破坏。

我们该如何看待那些承载着无可挽救的分人的人呢？在最后一章，我们将对此问题进行梳理。

第5章　超越分裂

遗传因素的影响

到最后这章为止，我还有一个问题没有涉及。一定有读者倍感焦虑了吧。那就是遗传的问题。

一个人促使他具备某种个性的因素大致分为遗传因素和环境因素。以上都是从环境因素来探讨分人的话题。在哪里，遇见怎样的他者，会以怎样的分人构成比例活下去，等等。

当然，另一方面还有遗传的因素。前面我曾经提到过父亲早逝的事情。父亲是我一岁左右时去世的，尽管我什么都不记得了，但是认识父亲的人时常惊讶地发现我的举止、性格有"像"父亲的地方。因此，对于作为小说家的我来说，遗传是我所关心的另一个重大课题。

假设某人和我还有你同时相识。起什么名字都行，就遵循卡夫卡小说的风格，姑且称其为K吧。

K时不时会与我见面，也会与你见面。于是，K的内部分别产生了面向我的分人和面向你的分人。我和你的内部也各自产生了面向K的分人。

如果有一架隐形摄像机分别录下了我与K在餐厅吃饭的情景，以及你与K在餐厅吃饭的情景，并加以比较，我们的每个分人会全然不同吧。

对于那些阅读本书至此，已经习惯了分人这一概念的人来说，一定认为这是理所当然的事情。但是，有一个根本性的问题——为什么会不同呢？

让我们追溯到一个人刚刚出生，还没有遇到

过任何人的时刻。

婴儿们面对妇产科医生时的反应形形色色。有爱哭的孩子，也有不太哭的孩子，这与其说是性格上的问题，不如说与出生时的环境有更大关系。

一个人从接受父母养育之时，就开始了分人化（或许在母亲腹中时，分人化就已经开始了）。假如这个时候，父母收养了一个不知来自何处，与他几乎同一天出生，没有血缘关系——即基因不同——的婴儿作为养子，并开始把两个孩子放在一起抚养，同样是面向父母的分人化，也会出现某种差异吧。

遗传因素在其后的成长过程中，一定会持续地对分人化产生影响。那么在这个过程中，我们能做些什么呢？

基因的发现机制，现在正不断地被飞速阐明，这一问题已经超出了本书所能把控的范围。关于这一问题我虽然不具备专业的分析能力，但被赋予了完全相同基因的同卵双胞胎的两个孩子，分别在东京和在巴黎抚养，长大后会出现很大的差异，这样的问题我还是很容易就能想象出来的。从归国子女的个性中看出海外生活的分人的影响绝不是件难事。

我一直在讲，所谓个性就是分人的构成比率，而且个性在面向新结识的人分人化时影响巨大。在艰苦的环境中长大，总想着"要提防别人"，假设全然由这样的分人构成的人与在谁家都不上锁的安定的乡村长大的人同时遇到了 K，即使面对的是同一个人，他们最初仍然会发生不同的分人化吧。那是因为在这一时刻之前拥有的分人的结构发挥了作用。

K 本身又具有基于某一分人结构形成的个性。假如我和你与 K 长期交往，受他的个性影响，我的内部产生的面向 K 的分人和你的内部产生的面向 K 的分人，或许会越来越相似。现实生活中确实存在这样的人，跟这个人在一起时大家

都变得心平气和，或者跟这个人在一起时大家都
不免心浮气躁。

而且 K 也一样，与你我的相遇促使他产生了
两个新的分人，他的分人的构成比率和遇到我们
之前相比也发生着变化。个性时常在新的环境、
新的对人关系中发生变化。如果十年前的你和现
在的你不同了，那是因为你的交往对象发生了变
化，分人的构成比率也相应地发生了变化。这是
我一再强调的。

自己以怎样的基因结构出生是我们无法选择
的。从某种意义上说，其作用对于我们来说是不
可抗拒的。

通过观察自己的分人化倾向，以及他人面向
自己的分人化倾向，我们可以看出自己基因中具
备的性格吧。但是，恐怕只有通过对人关系才能
对此进行具体的思考。

剪辑的弊端

如果一个人的个性是不可抗拒的遗传因素和面对环境分人化的产物，那么我们该如何看待罪犯的问题呢？这是《决坏》这部小说最后所面临的问题。

关于小说人物的描写方法，有一个明显的问题，就是随意的剪辑效果。

为了让劝善惩恶的故事能够成立，就需要一个冷酷无情的杀人犯作为应该受到惩罚的"恶人"。但是，在保育园看着那些出生后不久的孩子，我不禁想，假设这些天真无邪的孩子当中的某一个将来会成为杀人犯，那么，这真的是这个孩子自身的责任吗？孩子们在社会中经历了各种各样的分人化后长大成人。这样看来，半数犯罪责任仍然在于社会一方。

如果对"恶人"犯罪之前经历的所有分人化

过程进行细致描写的话，那么，即使他所犯下的罪是"恶"的，也很难把他看成是"恶人"吧。

然而，小说或电影不得不在某处对出场人物的这一分人化过程进行剪辑。因为，如果所有出场人物都要进行分人化过程的描写，即便耗费几万页，小说也无法完结。因此，就要唐突地从本性上把呈现在读者面前的出场人物设定为"恶人"或"善人"。

实际上这也是我们日常生活中与他者相遇时经历过的事情。

因为素未谋面的他者总是以过去的分人化过程被剪辑的形式出现在我们面前。

有时也会出现这种情况吧，即使是我们认为性格一无是处的人，如果了解了这个人的分人结构的由来，也就能够理解他了。在刑事案件的审判当中，被告的成长历程探明后，有时还可以申请酌情量刑，这是因为关注了剪辑的外围情况。

重要的是，我们要时常保有这种想象力。这

样看来，"个人"这一思考方式存在严重的弊端。

分人与他者" 不可分 individual"

所谓个人 individual，原为"不可分"之意，也就是"（在此基础上）无法再分"的意思，本书就是从这一话题开始的。我想大家已经充分理解了这一含义。但是，我想再次提醒大家注意的是"（在此基础上）"这一部分。

个人的确不可分。但可以明确地与他者区分。因此才被看成是践行义务与责任的独立主体。

获得荣光时是不同于他者的你的成就。他者与此全无关系。犯了罪时，仍然是你的所作所为，与他人没有任何关系。无论你富有还是贫穷，全都是区别于他者的你的问题。

然而，在我们仔细观察了分人化的现象后已经明白，这样的想法从根本上是错误的。人是面向他者生成的分人的集合体。你要做什么，一半承蒙于他者，或怪罪于他者。

个人 individual 在与他者的关系上是可分的 dividual。听起来像是一个悖论，但这就是这个词从逻辑学发展而来的意思。

而分人 dividual 在与他者的关系上反倒是不可分 individual 的。说得更确切些就是，个人是把人一个个分割开的单位，其思想就是个人主义。分人是不把人一个个分割开的单位，其思想就是分人主义。与从人种、国籍等较大单位粗略地将个人统合在一起相反，分人主义是通过缩小单位来发现细微联系的思想。

我们应该为周围人的成功而感到高兴。因为我们自身通过分人参与了他们的成功。同样，我们应该在周围的人失败时亲切地伸出援手。因为他们的失败源于我们自身的分人。

以文化多样性为启发展开思考

这样想来，必然还要考虑另一个问题。

一个人内部的分人们会在某个地方相互渗透吗？还是完全被分隔开的呢？我说过，如果把"个人"看成是整数 1 的话，那么分人就是分数。然而把这些分数全部加起来能否变成 1 呢？我暂时保留我的看法。因为这不仅仅是社会性分人和面向每个人的分人这一层面的问题，还存在相互混合的问题。

我觉得在探讨多元文化共存时提倡的两种思想可以给我们带来启发。一个是美国二十世纪六十年代前后与 liberalism（自由主义）同时流行的文化多元主义 cultural-pluralism。一个是二十世纪九十年代与 communitarianism（共同体主义）相伴而生的多元文化主义 multiculturalism。（可参考大泽真幸《"自由"的条件》）

看上去二者非常相似。在必须尊重多元文化这一意义上是相同的。可是尊重的方式却不尽相同。

文化多元主义主张拆除文化间的藩篱，任其自由融合。与此相对，多元文化主义认为文化终归要在各自的土壤里扎根，希望能够尊重它们现有的形式。

二者各有利弊。通过文化多元主义主张的文化交融，能够诞生出新的文化，这一点我们很容易就可以想象到。但是，如果它与资本主义结合，形成了绝对性不对称的力量，并大规模席卷而来的话，少数人的文化就会被轻而易举地吞噬。全球化背景下美国的"文化帝国主义"冷战后致使各界舆论哗然。

这两种立场的鲜明代表就是爵士音乐家，同为小号演奏家的迈尔斯·戴维斯（Miles Davis）和温顿·马沙利斯（Wynton Marsalis）。

二十世纪六十年代处于全盛期的迈尔斯基本上是自由主义思想的拥护者，他认为无论摇滚乐、古典乐还是爵士乐，什么音乐都是音乐，取其精华并相互融合是理所应当的。特别是六十年代后半期，他的音乐与摇滚、骤停打击音（funk）、古典等多种音乐融合，渐渐不能归入传统爵士乐的范畴。因此，很多粉丝都说不喜欢这之后的迈尔斯，还是喜欢演奏传统爵士乐时的迈尔斯。

另一方面，二十世纪八十年代如彗星一般登上舞台的另一位天才温顿·马沙利斯，无论是古典交响乐还是爵士乐，都能演奏得完美无瑕，他认为古典乐就是古典乐，爵士乐就是爵士乐，各有各的魅力，绝不会把二者混合起来。不仅如此，对摇滚乐和爵士乐的融合他也持否定态度，一直执着地守护着根植于新奥尔良传统的传统爵士乐。他是典型的共同体主义者（communitarian）。

在迈尔斯的时代，爵士乐已经跟不上其他门类音乐自由发展的步伐了。在这样的情况下，萌生出应该跨越门类的藩篱更新爵士乐的想法，某种意义上是理所当然的。而在温顿的时代，这类异种杂交的后果就是导致传统爵士乐奄奄一息。正因为如此才要保留住它原初的样态，这一想法也是可以理解的。

其实这跟两个人的性格也有很大关系。因为事实上，与温顿出生于同一年代的亲哥哥布兰福德·马萨利斯反倒是位自由主义、文化多元主义音乐家，曾经是迈尔斯·戴维斯乐队的一员。

在我看来，这两种思想和实践都是社会所必需的层面。

在如今这个网络时代，文化交融本身早已无从否定。但是，如果什么都混合起来，相隔较远的事物失去了相互碰撞的紧张感，最后很可能发展成世界上的事物全都一模一样的状态。在这种情况下，某个地方的纯粹地方主义文化若是能延续下来，就显得尤为重要了吧。

分人应该融合吗？

在《曙光号》中，我从文化多元主义与多元文化主义的问题中得到启发，创造了分人多元主义dividual-pluralism 和多元分人主义 multidividualism这两个概念。也就是说，一个人所拥有的复数分人是积极地交融好呢，还是截然分开好呢？

结论就是，与文化多元主义和多元文化主义的情况相同，我认为双方都是可取的。基本上来说，相互混合的部分非常多。我们的每个分人同样都讲着日语（虽然面向外国人时的分人使用不同的语言）。某一分人不知从何处吸收来的语言混入了其他分人的语言中，这种情况也是存在的吧。面向某个地方的某个人的分人成为了你的基础性分人，给你的其他分人带来了好的或坏的影响，这种情况也是可能的吧。虽然不觉得做了什么，但当对方表现得比较奇怪时，可能是他和另外某个人的分人影响着他和你的分人。分人们处于相互影响、相互渗透的状态。

此外，据说在梦境或无意识的层面，每个分人还会相互交错穿梭。结果就是，各个分人间的距离逐渐缩短，无论与谁接触，表现出的都是相似的分人，这种状态也是可以考虑的吧。另外，同时以多个极端的分人活着比较累，以相对紧密的少数分人来应对也是一种想法。

但是，另一方面，我们也存在这样的心理，就是想大胆地以振幅较大的复数分人活着。或者，也有人有这样的想法，哪怕尽微薄之力，也要防止面向自己珍爱的人的分人被日常的基础性分人所吞没。或许还有人想的是，尽量避免拥有不可告人的怪癖的分人与面向家人的分人混合在一起。

分人的构成就像形状各异的积木堆积起来的

一样，既有各不相容的部分，也有像水彩颜料在画纸上洇开那样，融合在一起的部分。是融合在一起的部分构成了个性，还是完全与其他分人分隔开来的部分占据了个性的中心位置呢？实际感觉是怎样的呢？

超越分裂

最后，我想从分人的角度探讨一下，是否有可能跨越我们社会共同体之间的分裂。

到目前为止我们半有意识、半无意识地考虑着分人的构成比率生存至今。换言之，也就是选择着交往的对象。

结果就是社会上存在着固定的共同体。工作上的共同体、兴趣爱好方面的共同体、政治上的共同体、思想上的共同体……而且，这些共同体相互融合非常困难。因为既没有必要性，相互也并不关心。

　如果一个人是不可分的，那么可归属的共同体就只能有一个。那就是他的身份。但是，一直被束缚于同一个共同体，会让我们觉得不自由。这么说并不是要否定共同体的重要性，但因为厌倦了这种不自由而不想加入任何一个共同体的人不在少数吧。

　例如，很久以来我一直对"乡土情"抱有复杂的情感。我在北九州市长大，高中时期朋友曾搂着我的肩膀说："我们都是本地人啊！"我当时有说不出的厌恶感。我既有爱好文学的一面，也想在其他城市生活，去尝试更加丰富的体验。可是自己的身份却被限定在地方共同体内，让我觉得非常不自由。

　因此，我在北九州期间对于共同体是很抵触的。那时候我一直想尽早离开那里，让自己内部的其他可能性得以充分发挥。

　但是后来，我住过京都、巴黎、东京，并且成了作家，在自己的个性经过各种各样的分人的积累之后，我才终于坦率地认识到了对于故乡的特殊情感。这多亏了充分的分人化。

如今，共同体的问题中较为重要的问题是，能否多重加入复数的共同体。要想使其成为可能，只能导入分人这一单位。

假设同一个人参加了思想立场完全不同的共同体。如果从个人的角度来思考，这肯定是矛盾的、背叛行为，肯定会被看成是表里不一、像变色龙一样的人吧。然而从分人的视角来看的话，这是有可能实现的。因为，不同的分人可以参加不同的共同体。而且，参加截然不同的共同体在今天反倒显得尤为重要。

进入二〇〇〇年以后，我们曾几度经历了恐怖袭击，如何与远距离的他者达成和解的问题摆在了我们眼前。另一方面，随着网络的出现，我们也经历了他者那具有压倒式的多样性。这两个问题是创作出《决坏》之后，我的小说一以贯之探讨的主题。

　我们一旦作为一个个体加入了某个共同体的话，除了凭借共同体同伴之间的对话，再无其他融合的途径。而且通常融合起来也极为困难。但是，正如前面所看到的那样，我们内部的分人具有融合的可能性。有意识的层面也好，无意识的层面也好，他们都在相互影响着。

　我们通过每个人的内部，或许能够促使对立的共同体实现融合。既参加了右边的共同体，又参加了左边的共同体的人，左边共同体的分人感染了右边共同体的分人。于是，右边共同体内面向你产生分人的人们，便具有了若干受对立的共同体价值观影响的可能性。当然，反之亦然。

　虽然是非常微观的感觉，但通过共同体来克服社会的分裂，我从此处看到了巨大的可能性。这并不是要用一个更宏大的价值观将对立或者毫无关系的两个共同体统合起来，而是通过同时加入双方的复数的人们的微小联系谋求融合。

　我曾写过，我们不应该对自己亲近的人与自

己讨厌的人交往这类事说三道四。自己非常喜欢的人当中或许混杂着最讨厌的人的某种元素。这其中不正蕴含着我们新的相互融合的可能性吗？

后　记

描写近未来世界的长篇小说《曙光号》出版后，读者们曾多次对我说过这样的话：

　　　　对于作品中所讲述的"分人主义"，我深有感触。觉得以往人生中无法释怀的事情也整理得清清楚楚了。于是想把这一思想说给其他人听，偏偏周围净是不读小说的人，您能否在新书或是其他文章里总结一下这一思想的精髓呢？

听到这样的话，我不知该不该高兴，不过心情是比较复杂。"净是不读小说的人"，这话听起来让人颇感凄凉。但是若能以此为契机，博得大家对小说的关心就太好了，于是我积极思考并着手创作了本书。

　　这就是本书创作的原委，因此在执笔之际，我极力避免使用难懂的术语，注意以通俗易懂为第一要义。

　　与小说不同，本书的目的主要是提出"分人"这一单位。日常生活中恐怕有许多人都想给模糊感知到的事物赋予一个简洁的名称。将来读者们亦会有所思考。我觉得肯定有人能够使用"分人"这一概念拓展出更胜于我的各种想法。

　　"分人"这一新造词基本上就是 dividual 的直译。我将 individual 的 in 去掉，得到了 dividual 这一英语词汇，很长一段时间我一直以为这个词是我创造的词汇。因为手头的任何一本字典上都没有这个词。

　　但是，一个美国朋友告诉我，我能想到的事情好像说英语的人早已思考过了，虽然这个词不

是很普遍，但作为一个单词还是存在的。不过，
《牛津词典》对 dividual 的解释是这样的：

(1) That is or may be divided or separated from something else; separate, distinct, particular. (2) Capable of being divided into parts, divisible; divided into parts, fragmentary. (3) divided or distributed among a number; shared, participated, held in common.

它似乎并不像"个人 individual"一词那样用作人的单位。

本书日文版的副标题《从"个人"到"分人"》并非单纯出于转换观念这个含义，还包含了历史的发展经过。individual 一词的起源与变迁，还有作为日语"个人"一词的确立过程，都是非常重要的，本文虽未涉足，但已作为"补记"载于卷末。

本书与专家的论述相去甚远，内容也是极其简单的小品文的程度，但"分人"这一想法并不是我随意想出来的，而是基于"个人"这一概念的本质想出来的，这一点还希望读者能够理解。

如果这本小书能对每位读者的人生有所裨益，我将不胜荣幸。

*

最后，若没有来自各方的宝贵建议和真切鼓励，本书绝不可能问世。在此一并表达我的感谢之情。

此外，本书是在口述笔录的基础上，由我全面修改完成的。借此机会还要对讲谈社现代新书编辑部的川治丰成先生表示感谢。

平野启一郎

二〇一二年八月八日

补记"个人"的历史

"个人"的起源

本书虽然基本上以讲述实践性内容为目的，但既然讲到了这里，不妨一边复习"分人dividual"这一概念的历史必然性、"个人 individual"的起源及变迁，一边对这些问题进行再探讨。

虽说如此，但这完全不是我力所能及的工作，在此我想一边参照雷蒙·威廉斯在《关键词：文化与社会的词汇》①中对"个人"一词简明扼要的解说，一边推进这一话题。

---

① 雷蒙·威廉斯（Raymond Henry Williams，1921—1988），英国著名文化理论家和马克思主义思想家。本文涉及著作 *Keywords：A Vocabulary of Culture and Society* 中译本为《关键词：文化与社会的词汇》（三联书店，2005 年），日译本为《キイワード辞典》（平凡社，2011 年）。

individual 一词开始具有我们现在使用的"个人"这一含义其实并不久远。

首先，关于其词源，威廉斯是这样解释的：

> *individual* 的直接前身是中世纪拉丁语 *individualis*，这个词原本是从六世纪拉丁语具有否定意义的（接于 *in-* 之后）形容词 *individuus* 派生出来的，而 *individuus* 则源自拉丁语词源 *dividere*（分开）。*individuus* 用于希腊语 *atomos*（不可切断、不可分割）的翻译。（越智博美译）

在此之前我已重复多次，individual 原本是"不可分"的意思，并没有"个人"的含义。威廉斯列举了六世纪哲学家波爱修斯（Boethius）关于 individuus 的三个定义。

①单一体，或是像精神那样全然不可分之物

②像钢铁般因硬度而不可分割之物

③像苏格拉底（Socrates）那样具有无法适应其他任何同类的固定称呼的人

以上看似非常普通的叙述，在我们思考"个人"这一概念方面却是触及核心的定义。

定义②的意思是从十七世纪（近代）以后物理学领域 atom（原子）这一源自希腊的单词承继而来的。individuus 是 atomos 的对译语，相当于又还原回去了。

定义①最初在神学中用于说明神的"三位一体"，即"本质上的不可分性"这一含义。基督教虽然是一神教，但是其神却具有圣父、圣子、圣灵三个位格。但是，这三个位格本质上又是同一事物，对于非基督教徒来说这是很难习惯、很难理解的教义。后来其含义逐渐广泛起来，出现了"individuall 就是如同夫妻般不可分割的事物""作为一个整体的（individuall）天主教会"等用例。这些都是我们相对容易理解的话题。也就是说，虽然具有构成要素，但不成为一个整体的话，就是没有意义的存在。单有"丈夫"，或单有"妻子"，都不是"夫妻"。

定义③是与形而上学和逻辑学都有关系的问题。关于形而上学应该看一下复杂的中世纪哲学的"共相之争"，但是在此只能忍痛割爱，集中于逻辑学上的发展来讨论。

在 individual（＝不可分的事物），不分生物还是物质，获得了"个体"这一含义，并发展为仅用于人类的"个人"这一意义的过程中，在两个领域里的发展是必不可少的。

其一就是逻辑学。

例如，请大家想象一下学校教室里的情景，里面摆着各种东西，有讲坛桌、学生的座位，还有更衣柜。

讲坛桌和学生的座位作为不同的东西当然可以分开，也可以区分。每个人的座位也可以分为桌子和椅子。但是，讲坛桌本身、桌子本身、椅子本身已经是不可再分的 individual。也就是说，这些"不可分的东西"就是一个个事物，等于"个体"（顺便说一下，日语中的"分かる"一词就有把混在一起的事物分开并加以区分，判明其性质的含义）。

接下来把这一想法导入十八世纪以后的新学问中来看一下。例如生物学。

在哺乳类这一数量庞大的门类中，羊这种动物也有许多的类别，在分为胖羊、瘦羊、暴躁的羊、温顺的羊之后，就剩下一只只羊了，但这些羊已经是不可分的 individual 了。在生物的范畴内，这一"不可分"的存在就是个体。

如果把上述想法从社会性观点对应到人类身上，就可以细分为国家、城市，最后是单个的人，之后便不能再细分。也就是说，"个人"是社会（无论是政治方面还是经济方面）的最小单位。

再从生物学的角度来思考的话，有动物，有哺乳类，有人类，而各不相同的单个的人已无法再分。这也是最小的单位。因此，进化论长期把个体作为自然淘汰的单位。与此相对，《自私的基因》（*The selfish gene*）的作者理查德·道金斯（Richard Dawkins）却开始主张以更微小的基因这一单位来看待个体。

这一问题暂且不论。这样 individual 就获得了"个人"这一含义，在其固定下来的同时，原来的"不可分"之意逐渐流失。现在只出现在词典关于词源的解释中。

个人的价值

进入近代，人们终于发现了"个人"连同代表这一含义的词汇的存在。当然，并不是这之前的西洋人不区分自己与他人。但是，个人要想被明确地意识到、被探讨、被赋予价值，语言是必

要的。这对于探讨"分人 dividual"的我们来说是
具有启发性的。

不光是"个人"这一词汇，关于"个人"在
西洋社会中是如何确立起来的这一疑问，也需要
经过庞大的多方面的查证。

在此，我们先来探讨一下作为这一单位的
"个人"的价值。关于这一点，《个人的发现：
1050-1200 年》(*The Discovery of the Individual* 1050
-1200，科林·莫里斯著)一书已经给予了足够
的讨论，希望感兴趣的读者可以参考一下。

近代之前，重视"个人"价值的想法已散见
于基督教牧师的著作中。

基督教的神并非时时刻刻现身于这个世界。
人不能通过物质，必须通过自身内部的精神来面
对神。因此就有必要审视自己的内部。

自己与其他人有怎样不同呢？犯了什么罪才
有必要向神祈求宽恕呢？这种内省的形式最终通
过教会发展成告解的习惯。这样，从宗教意义出

发，个人的内在备受重视，个人的本质不断被探究，内心变得开始有优劣意识。

那时，重要的是基督教为一神教的事实。与神之间的关系是一对一的。面对全知全能的神，人必须是毫不虚伪造作的"真正的自己"。

另一方面，把目光转向世俗时，若问为什么作为已经"不能再分"的最小单位的"个人"如此受重视，还是因为从中世纪封建制度崩溃到近代，接二连三地发生了社会解体。一旦丧失了阶级，社会体系又不完整，剩下的就只有作为成员的"个人"了。反过来说，怎样对这一体系的最小单位——个人进行重组，社会样式就会发生相应的变化。

众所周知，在经过启蒙主义，通过市民革命实现民主化的过程中，逐渐开始提倡尊重"个人"的自由、平等。纵观西洋史，仿佛这已经是非常久远的事情了，但就在最近，我们刚刚经历了非洲"茉莉花革命"的冲击。

　个人与社会（国家或市镇村）是对立的。虽然国家的根基是一个个国民，但国家权力与个人权利经常处于尖锐的对立状态。

　从经济方面来看，正如我在第一章提到的那样，随着社会职能分化的发展，职业与个性相匹配变得尤为重要。

　对于各个环节紧密相连的社会来说，最合适的人才长期从事最合适的职业这显得非常重要。个性的发挥与职业选择的自由／义务相联系，既是个人的愿望，同时也是来自社会方面的强烈要求。

　社会总是想尽可能排除不确定因素。个人若不能始终如一，那么社会的基本构成要素就会不稳定，许多地方将发生机能障碍。

　例如，为了买房子准备贷款，向银行借钱。这一契约能够缔结的前提是具有毫不虚伪造作的个人的同一性。能够保证这一点的就是已登录到了共同体（国家或市镇村）。在日本，驾照、正式印章就是证明与户籍具有同一性的工具。

这样一来，个人的私生活必然成为社会全体所关心的事。因为，一个人发生异常，必将顺着千丝万缕的联系波及社会多个方面。

文化方面，小说盛极一时，个人的人生开始占据小说所关心的中心位置。与让人们仰视的英雄的故事不同，身边存在的多样的个性吸引着人们。虽然描写了许多纠葛，但这些纠葛大多出于假设"个人"是"不可分"的存在——这一定义的不合理性。

"个人"的日语表达

"个人"这个单位就是这样一个极其人工的，而且特别西洋化的概念。

最后我们再来探讨一下"个人"的日语表达。

人们经常说西洋有"个人主义 individualism"

悠久的传统，而明治以后输入这一思想的日本在这一点上却存在根本的不同。

但是，从我们的梳理来看，进入近代之后，"个人"这一单位本身才得以确立，临近十九世纪中叶，"个人主义"这一思想才诞生。

法国著名政治哲学家托克维尔（Tocqueville）在《论美国的民主》（*De la démocratie en Amérique*）一书的第二卷（一八四〇年刊）中这样写道：

> 个人主义是新思想诞生后不久创造的词汇。我们的祖先只知道利己主义。（松本礼二译）

我在第一章引用的夏目漱石的演讲《我的个人主义》发表于一九一四年。如果那时这个词已经脍炙人口，那么对于西洋人还散发着新奇的回响的这个新造词，没过多久就已经传入了日本。

在《论美国的民主》中，托克维尔对个人主义是持否定态度的，他认为个人主义是一种"只顾自己而又心安理得的情感，使每个公民同其同胞大众隔离，同家人和朋友疏远"的思想。法国大革命后，贵族制度时代保有的社会联系被切断，散乱的个人变得视野狭窄，互不关心，托克维尔是众所周知的民主主义理论家，他始终顾虑重重地谨慎地观察着这一切。

人们失去了地缘和血缘关系，变得越来越孤独，今天我们也时常听到这样的议论。震灾①后"亲情纽带"热潮也是其中一个表现。

漱石的演讲内容从这一意义来看，可以说是切中要害。他强调，发展自己个性的同时，应该顾及对他人的尊重，行使自己的权利伴随着义务，行使金钱的权利伴随着责任。

但是，individual 和社会 society 这个词一样，对于当时的日本人来说，非常不好理解，是一个

---

① 指 2011 年 3 月 11 日的东日本大地震。

全新的概念（参照柳父章《翻译语成立诸事》、飞田良文《明治时期产生的日本语》）。

individual 在幕末日本被广泛阅读的《英华字典》（《英汉字典》）中被译为"单""独""单个""一"等，用于指人时则分别被译作"独一個人""独一个人""独一者"。这些字典都是英国人编写的，他们大概是想用"一个"的汉字表达"不可分"的原意吧。在前言中我曾提到，个人是整数，分人是分数，也是这个意思。

福泽谕吉在《文明论之概略》中使用过"独一个人"这个词，但作为日语比较生硬，语感上显然无法固定下来。因此，从明治初年开始，渐渐出现了省略了"独"字的"一个人"这样的形式。后来也尝试了各种对译语，到了明治十年左右去掉了"一"字，才出现了现在使用的"个人"这个词，并最终固定下来。顺便提一下，现代中国也把 individual 翻译成"个人、个体"，逻辑学上也存在"不可分割的实体"这一直译的专业用语。

"个人"一词的发展经过就是这样，所以我们几乎不可能从"个人"这个单词追溯到"不可分"这一原意。我给其他人解释"分人"这一想法时，大致都会提到"个人"的词源，但是几乎没有人能想到过"不可分"这一含义。

明治维新以后，在士农工商这一身份制度瓦解后的日本，变得散乱的一个个人必须作为独立的主体参与政治、从事经济活动。因此，"个人"的确立成为当务之急。在日本，对自我这一存在的漫长苦恼也是从这个时候开始的。

我们开始思考"分人"这一概念，其实已经是最初对 individual 这一概念产生违和感的一百五十年之后的事了。

扫码加入平野启一郎作品·读者圈

写长短书评，有机会免费获得系列丛书

在线观看平野 TED《为了爱自己，请爱他人》演讲视频